さわやか通信

鍵をかけないケア

グループホームさわやかテラスの取り組み

山城　裕美

木星舎

「あるがまま」が道しるべ

社会福祉法人東翔会グループホームふぁみりえ　大谷るみ子

「あるがまま」の暮らしを応援する心のこもった場があり、「あるがまま」を支援する、それが私たちの役割だと言える素敵な人たちがいます。この本は、そんな「場」と「人々」の十六年に亘るケアの成長と日々の物語でもあります。

「さわやかテラス」とは、十年くらい前に福岡県高齢者グループホーム協議会の活動を通して出会いました。ケアの質の向上や認知症でも安心して暮らせる地域をつくろうとさまざまな取り組みを進める中で、良いことならすぐ決断、すぐ実行するという、フットワークの軽いオーナーのもと、職員さんたちがのびのびと仕事をしている姿に、羨ましさを感じたのを今もよく覚えています。

今日、介護人材の不足は深刻な社会問題と言っても過言ではありません。未だに、介護＝３Ｋ「きつい」「きたない」「給料が安い」というようなネガティブな捉え方をされてしまいがちですが、「介護」とは、実は人の尊厳に関わる重要な仕事であり、「介護」を通して人としてのあり方や生き方に触れ、成長することができます。そのことを教えてくれているのが、「さわやかテラス」の職員さんたちです。

この本に登場される方々の、一つひとつのエピソードや言葉を通して、いつのまにか、実際にその方々と会ってお話を聴いている感覚になったり、今まさに目の前でドラマがくり広げられているような印象を持ったりするのは、職員の皆さんが利用者ご本人の想いや生き方に尊敬の念と愛情を持ってお付き合いしてきたからではないかと思います。

またこの本は、単に物語としてではなく、認知症ケアや支援の専門性を培ってきたプロセスを記録した本とも言えます。若年性認知症の方やご家族への支援とはどうあるべきか、人生の最期まで「あるがまま」にありつづけるための看取りとは、住み慣れた地域で安心して暮らしつづけるためには、と常に問いかけながら、そして学びつづけながら歩んできた記録だと思います。

私もまた、同じように認知症ケアや支援の現場で、認知症の方々に出会い、少しばかりその方の人生にお邪魔させていただき、心が響き合う体験を何度もさせていただきました。介護する側、される側の関係から、人と人が共に在るという価値観を、多くの介護に携わる人たちへ、そしてこれから介護を目指す若い世代の人たちへ伝えつづけたいと思っています。

この本は、そのためのよい教読本になると確信しています。

平成二十九年三月

はじめに

介護とは無縁の生活を送っていた私が、筑紫野市に認知症対応型共同生活介護「グループホームさわやかテラス二日市」を平成十三年四月に開設して十六年が過ぎました。この間、認知症に対する国の施策も大きく変わりました。

今では市民の方々が、認知症の理解を深めるため、認知症サポーター養成講座や勉強会に積極的に参加される姿が見られます。また、小学校、中学校にも認知症理解のための授業が取り入れられたり、体験学習に施設見学が組み入れられたりと、認知症に対する理解が広がっています。もちろん、認知症をかかえる家族の皆様は、本人が最期までその人らしく暮らすためには何をしたらいいかを勉強され、寄りそう介護に心くだかれています。

認知症になっても住み慣れた家で、普通に暮らしつづけられるまちづくりも進んでいます。

特に福岡県大牟田市で平成十四年からつづいている「認知症見守り声かけ運動」は地域に根付き、認知症になっても安心して暮らせるまちづくりのモデルとして全国に発信し、広がりをみせています。

その一方で、依然として現場では、安全確保の名目で人間の尊厳を損なう介護が行われているのも事実です。

二〇〇〇年五月、前職を離れた私は、ある特別養護老人ホームで入浴の順番を廊下で待っている認知症の入所者の姿に衝撃を受けました。その表情は、施設での生活に満足し、幸せな毎日を過ごしている人とは程遠いものでした。

それがきっかけで、グループホーム開設に踏み切りました。

それまで勤めていたスーパーでは、地域のカスタマーサティスファクション（顧客満足）を高めることが、現場で一番大事な使命でした。

認知症になっても、ゆっくり楽しく自分のペースで入浴でき、毎日を自分らしく、自由に過ごせる場所をつくろうと考え、先駆的な施設の見学や寄りそう介護を実践している人の講演会を傍聴し、そして実際に現場で話を聴いてまわりました。また、福岡を中心に特別養護老人ホーム、老人保健施設、療養型医療施設、有料老人ホーム、宅老所、グループホーム等を七十箇所程見学し、なかでも福岡市の宅老所よりあい（下村恵美子元代表）、熊本県玉名市のグループホームひまわり２１（故吉村貞子代表）にはとても感銘を受けました。

スタッフと利用者の見分けがつかないほど普通に暮らしている家で、空気が温かく、ゆっくり時間が流れていて、〝この空気〟をつくれるなら、「あるがままに　楽しく　ゆったりと」その人らしい生活空間ができ、毎日、安心して過ごしてもらえるのではないかと思いました。入社したばかりのスタッフをひまわり２１に受け入れてもらい、故吉村貞子代表に教えを請いました。

現在、当社の執行役員山城裕美は吉村代表の「利用者の方がおしっこしたところがトイレたい」という思いを、時々反復しながらさわやかテラス、さわやか憩いの家を十六年間引っ張ってきました。十六年間で、さわやかテラスを「終の棲家」として九十七人の方が旅立たれました、旅立たれた皆さまのお陰で、今のさわやかテラス、さわやか憩いの家があります。また、その後のご家族とのお付き合いがスタッフの力になっています。

なによりも恵まれていたのは、かかりつけ医として入居者、利用者、家族そして地域に至るまで信頼があり、おひとりおひとりに誠心誠意付き合ってくださる、横溝清司医師（医療法人つかさ会　よこみぞ医院院長）、大西昭彦医師（医療法人大西内科クリニック院長）との出会いがあります。みとりが出来たのも、両先生が二十四時間、三六五日入居者に寄りそい、他の医療機関とも連携し支えていただいているお陰と感謝しています。この医療連携なくして、今の運営はありませんでした。

両先生とも利用者のご家族と向き合い、悩みを受けとめ、ご家族が寄りそってお見送りをすることを後押ししてくださっています。多くの家族の皆様が、両先生との面談で、さわやかテラスでの最期のお見送りを決められます。住み慣れたさわやかテラスで、ご家族に見守られながら旅立たれる入居者のやさしい寝顔がいつまでも居室にあり、ご家族と思い出話をしながら、一緒に通夜を過ごさせていただけるスタッフは、入居者、ご家族、かかりつけ医の両先生に感謝し、介護職としての幸せと力をいただいています。

横溝先生、大西先生、ありがとうございます。これからもよろしくお願いいたします。

また、最期まで食べる力を引き出してくださる高野歯科（高野弘一郎医師）、二十四時間、いつでも駆けつけてくださる訪問看護ステーションペアレントなくして、多くの入居者、利用者の皆様の楽しい毎日の生活を支えることはできません。感謝に堪えません。

十六年来の付き合いの中に、二ノ坂保喜医師（にのさかクリニック院長　平成二十七年、日本赤ひげ大賞受賞）がいます。ひたむきな在宅医療、在宅緩和ケア、みとりに向き合われる姿には学ぶことが多くあります。そのつながりで、毎年、日本ホスピス・在宅ケア研究会で、スタッフが日々の振り返りや、みとりの事例発表をすることにより、「あるがままに　楽しく　ゆったりと」の家訓が現場で実践できるようになったのだと思います。

今、特定非営利活動法人福岡県高齢者グループホーム協議会（理事長・大谷るみ子氏）で福岡県内の二〇〇箇所以上の事業で働く仲間の皆さんと実践勉強することが、さわやかテラス・さわやか憩いの家のスタッフの励みになっています。大谷るみ子理事長に直に接することにより、各スタッフがお年寄りに寄りそう力を養い、「あるがままに　楽しく　ゆったりと」現場ができています。

最後にこの本を発刊するにあたり、これまで十六年間「さわやかテラス・さわやか憩いの家」が歩んできたことや、ケアに対する考えがバトンとなり、認知症の理解を通して認知症の当事者、家族、地域の方々、そしてそれを支える医療、看護、介護さらに福祉行政に関わるすべての皆様とつながりができることを願います。

平成二十九年四月　吉日

株式会社ウェルフェアネット　さわやかテラス・さわやか憩いの家代表　**平山　正明**

CONTENTS

CONTENTS

CONTENTS

さわやかテラスの取り組み

認知症ってなんだろう

鍵をかけないケア

「家に帰る」自分の家に帰りたいとおっしゃる方に、「家には帰れません」、ここから出ることはできませんと言うのは、ものすごく変なことです。私が理由もなくそんなことを言われて鍵をかけられたら、「こいつは、なんば言いよっちゃろうか」と猛反発します。「あとから送ってあげますから、ちょっと待っといてください」と言われてもムカッときます。ずっと待たされることは、経験上知っているからです。

平成十八年に地域密着型サービスが施行される前は、さわやかテラス二日市に入居された方のお住まいは県内のあちこちにありました。

「ちょっと家に帰ってくるばい」と言われても、かなりの遠距離。当初から、「普通の家だから」と日中、鍵をかけていなかったため、入居者は自由に出入りできました。もちろん、私たちはやんわりと「お出かけですか。いってらっしゃい」と見送って、あとからさりげなくスタッフがついていったのですが、時として見失って、ご家族に電話して探しまわることもありました。さんざん探しまわって、もう捜索願いを出そうかと言っているところに、ご家族からお電話があり、「家に帰ってみたら、仏間で大の字になってぐーぐー寝てました」というような報告を受けることもありました。

グループホームが地域密着型になってからは、入居者にとって、テラスの周囲はたいがい見知ったわが町です。

「家に帰る」と言われればスタッフがお連れしますし、ときにはサッサと一人で帰ってしまわれることもあります。ハツヨさんはそのお一人です。「テラスに戻りましょう」と言っても、「今日はここで寝る」と言われれば、無理強いしません。自宅で寝たいのに、無理に「こちらで寝てください」と連れ戻されたら、私はやっぱり反発しますから。

でも、そうして自宅に帰られると安心されるのか、「やっぱり寂しかけん、あんたんところに戻ろうか」と言われたり、「ご飯ができましたよ」とお誘いすると、「そっちのご飯は美味しかけん」と戻って来てくださいます。

「鍵をかける」最大の原因は、「利用者の安全確保」にあります。施設側からすれば、リスク回避です。施設側の善意の安全確保が、次の瞬間「管理」になるのは言うまでもありません。地域の中で、認知症の方を見守ることが、ときに「見張り」になることもあるのです。

さわやかテラスで常に問われてきたことは、「あなたは、どちら側に立って判断しているか」です。入居者、利用者の側に立てば、玄関に鍵をかけて問題行動を阻止するという選択はありません。ベッドから降りようとする行動を柵をつけて対処する前に、なぜ、その人はベッドから降りたいのかを考えます。そうまでして、ベッドに寝てもらわなければならない理由などそうないはずです。

ハツヨさんの「家に帰る」は今もくり返され、どちらが家かわからなくなるほどです。

自分の暮らしてきた地域に家が二つある、それでいいと思います。ただ、そのためには、その地域の人たちの理解が欠かせません。

私たちが取り組んできた課題です。

平成十三（二〇〇一）年四月一日、福岡県で十二番目のグループホームとして「さわやかテラス二日市」を開設して、今年で十七年になります。その間、急速な高齢化にともなって「認知症」がクローズアップされてきました。

二〇一五年の厚生労働省の発表によると「認知症」とされる人たちは四六二万人、十年後には一・五倍に増え七〇〇万人に上ると予想され、六十五歳以上の高齢者の五人に一人が認知症になると言われ、さらに予備軍まで含めるとその割合は四人に一人と言われています。

二〇〇四年、厚生労働省はそれまで使われていた「痴呆症」を侮蔑的な言葉として「認知症」という言葉に置き換えて、それが一般に定着しました。言葉の上では「認知症」となって少し緩やかな表現になったのかもしれませんが、大方の一般の人の認識は「認知症」は忌避すべき病、さらに恥ずべき病という認識から出ていないように思います。

「私は認知症になんか絶対にならん」、「認知症になって、家族に迷惑をかけるようになったらもうおしまいだ」そう思っている人がたくさんいます。身近な人が「認知症」になると、「気の毒にね」、「私はああはならん」という反応になり、家族の一人が「認知症」になって初めてそれと向き合うことになります。

でも現実には、がんが二人に一人かかる病と言われるように、認知症は将来四人に一人がかかる病なのです。

ひと昔前まで、認知症になると世間と隔絶した介護施設に収容されるという扱いを受けていました。とくに症状が激しいと精神科病棟に入院させられ、薬で安静を強いられたり拘束されたり、人としての尊厳を著しく損なう状況でした。しかし、四人に一人が認知症という状況になれば、それをその家族だけの問題として関わりを避けたり、本人を隔離することで問題を回避したりすることは現実的な対応とは言えません。いま、「認知症サポーター・キャラバン」のように、「認知症」を社会全体で抱えていくさまざまな支援活動が始まっています。

二つの課題

現在、グループホーム「さわやかテラス」は、二日市、大野城、大野城中央、春日に四施設、小規模多機能型居宅介護施設「さわやか憩いの家」は、春日、二日市、大野城中央に三施設あります。私たちの事業母体株式会社ウェルフェアネットは開設以来十六年、急速な高齢者人口の増加と介護ニーズの高まりという時代の流れの中にあって、視点を地域の需要にすえて事業を展開してきました。

七事業所が開設する筑紫野市、大野城市、春日市は福岡市の南部に位置し、JRや西鉄電車の沿線に開けた町で福岡市の通勤圏にあるベッドタウンです。近郊農家として昔から住んでいる人と、便利な郊外の街に移り住んできた人とが混在する地域です。

今、十六年を振り返ってみるとき、私たちが最も力を注いで取り組んできたのは、地域の人たちに認知症への理解を深めてもらうことと地域とのつながりだったように思います。この二つの課題は別々にあるのではなく、ともに取り組むべきこととして車の両輪のようにありつづけました。

認知症ってなんだろう

「認知症」とは、具体的にはアルツハイマー型認知症、脳血管型認知症、レビー小体型認知症、前頭側頭型認知症などの脳の障害の総称で、それぞれ症状が異なり対処や治療の方法も違います。介護分野でも、今後はその違いを知って適切に対応していく必要が出てくるかもしれません。

私たちが現場で接する認知症の方は、こちらから見れば確かに日常の不自由さはありますが、精神に異常をきたした人たちではありません。自分の歳はわからなくなっても子どもではありません。人の名前や顔を覚えられない。今日が何日かわからない。服の着方がわからない。自分の家がわからない。時に周囲を困惑させることもありますが、皆さん、長い人生を生きてこられた先輩です。

今の自分を忘れて、ずっと昔の若いころの自分になっているのに、周囲はそれをわかろうとせず、行動を制限しようとする。それに腹をたてると、見当違いになだめようとする。ますます混乱し、怒りがこみ上げてくる。

家に帰りたいと思うけれども行き先がよくわからない。外に出て歩いていると、呼び止められる。行きつけのカラオケ店に行こうとすると、途中で連れ戻される。会いたい人に会えない、行きたいところに行けない。その理由がわからないから、また思い立って外に出て歩く。そこに行ければ納得できるのに、途中で呼び止められ、「認知症徘徊者」になる。

認知症ってなんだろう？　日常、お年寄りと接しているとそんな疑問が湧いてきます。

ずっとそばにいると、個性の強い人としか思えなくなります。がん患者がいつも「がん患者」でないように、認知症の人は二十四時間「認知症」ではないのです。そのことばで一括りにすることは、避けたいと思います。

地域とのつながり・・小さな現場から

社会全体で認知症の人と家族を支えていく、さらに地域で、町で支えていくという大きな流れのなかにあっても、私たちがこの十六年、日々行ってきたのは、家訓にあるように、テラスの入居者、憩いの家の利用者が「あるがままに　楽しく　ゆったりと」暮らしていけるように、日常生活をお手伝いすることでした。

代表の平山正明は、それまで地元の大手スーパーに勤めていた経験から、こうした施設が地域に認められる存在であることの大切さを知っていたのだと思います。さわやかテラス二日市開設当初から、当然のこととして、さわやかテラスが地域の一員としてあることを私たちスタッフに求めていました。

入職したばかりの私たちはグループホームというサービスのあり方に面食らいながらも、さわやかテラスの入居者と日々すったもんだしながら、地域に馴染んでいきました。それでもはじめのころは、「介護が地域となんの関係があるっちゃろうか」と平山さんの意図がよくわからず、このグループホームの中で介護が完結できればいいんじゃないかとどこかで思っていました。

そのころ私たちが意識していた地域とは、そこに住む人たちに仲良くしてもらう、そして、私たちが大切に思っているさわやかテラスの入居者に親切にやさしく接してもらうことでした。当たり前のことですが、道で出会えば率先してご挨拶する、例えば、入居者とご近所を散歩していると声をかけていただき、畑の大根を引かせてもらい、それをもらって帰って食卓にのせる。そうした地域との日常的なお付き合いの範囲でした。

平山さんは少々値段が高くても、必ずその地域の店で買い物をすること、「地産地消」がモットーで、買い物にはスタッフ一人で行かずに、入居者と連れ立って行くことをルールにしていました。そのうえ、業務用大型冷蔵庫は置かない。家庭用の冷蔵庫はありましたが、食料を溜め込まない、その日必要な食材を必要なだけ買うという主義でしたから、私たちは毎日入居者と連れ立って、近くの店やスーパーに買い物に行くのが習慣でした。自然に店の人とも顔馴染みになり、入居者と店の人のやりとりもある中で、「あー、認知症の方かな」と思われながらも手助けしてもらえる、そんな小さな現場がいつの間にか積み重なっていきました。

入居者の習い事も、自宅にいるときと同じようにつづけてもらいました。

住まいがグループホームに移ったからといって、収容されているわけではありません。初めのころは周囲の人になかなか受け入れてもらえず、「なんで連れてくるとね。せっかくホームに入ったとに」というような反応でしたが、根気よくさわやかテラスの方針をお話ししていくうちに、「そういうことなら、一緒にやろうか」と、カラオケ教室に加えていただいたり、踊りの輪に加えていただいたりと、遠巻きにみていた人や眉をひそめていた人が次第に手を差し伸べてくれるようになっていきました。

この十六年を振り返ると、認知症の方を「地域社会から除外しない」、「地域で見守る」ために地域とのつながりを大切にしながら、小さな現場の実践を通して発信しつづけてきたように思います。

そして今、より大きな地域へと展開しています。社会全体で、認知症の人とその家族を支えていこうという流れになってきたのです。

思い出はフルカラー

物語のはじまり

前の年、それまで三十一年勤めていた大手スーパーを早期退職した平山正明が株式会社ウェルフェアネットを設立し、それまでと一八〇度違う介護・福祉の社会に飛び込み、グループホーム「さわやかテラス二日市」を開設したのは平成十三（二〇〇一）年四月一日。それから十六年、入居者、ご家族そしてスタッフが文字通り泣きながら、笑いながら、支えあってきた軌跡、その物語はここから始まりました。

二〇〇〇年に介護保険法が制定されると、この年統合発足した厚生労働省は間近に迫った高齢社会の到来に向けてゴールドプラン２１を提唱。認知症高齢者グループホーム（認知症対応型共同生活介護）の設置推進はその一環でした。

「グループホームとは……?」、「認知症対応型共同生活介護のことです」公益社団法人日本認知症グループホーム協会のホームページを開くと、こんな文言で定義されています。

「認知症の方が小規模な生活の場で少人数（五人から九人）を単位とした共同住居の形態で、食事の支度や掃除、洗濯などをスタッフが利用者とともに共同で行い、一日中家庭的で落ち着いた雰囲気の中で生活を送ることにより、認知症状の進行を穏やかにし、家庭介護の負担軽減に資することにあります」

認知症の方、またその家族にとって、理想的なサービスがそこに提示されています。とは言え、当時一般には「グループホームって何？」新種の老人ホームね……というくらいの感覚で、まったく馴染みのない施設（家）でした。そんな状況で、「さわやかテラス二日市」に迷い込んだ（？）若い介護福祉士が目にしたのは、それまでの施設とは全く違う「家」でした。

さわやかテラスに来て、もう十六年になる。ということは、開設十六周年になるということです。昨年、この本のために、大野城のテラスで十五年生が六人集まりました。みんな十五年分、歳をとりました。

十六年の軌跡をそれぞれ話すことになっていましたが、話は最初の「さわやかテラス二日市」のところで止まってしまい、笑って笑ってそこからなかなか先に進まないまま、四時間があっという間に過ぎてしまいました。みんな、実家のおじいちゃん、おばあちゃんのことを話しているようで、次から次にエピソードが出てきて話が尽きません。あの家の人たちに鍛えられたんだなあ、とつくづく思いました。今はもう亡くなった方々ですが、思い出はフルカラー。ちっとも色あせていません。

さわやかテラス第一号は、二日市の市街地から少し離れた田んぼの中の集落に建っています。今は、すぐ前に巨大なショッピングモールイオン筑紫野店が建ち、車の通りも多くなりましたが、当時はまわりに田畑が広がり、四王寺山が遠くに見えるのんびりとした田舎の風景の中にありました。

一昨年、イオンモールの増設がはじまった時、地域の方が「ここはお年寄りが通る道です」、「さわやかさんの周りには、絶対に工事の車が通らないようにしてほしい」と先方に申し入れてくださったことを聞いて、スタッフ一同感激しました。十六年経って、地域の方と血が通ったお付き合いができるようになり、本当に受け入れていただけたという実感です。

ここは、もとは社員寮として使われていた建物で、一階と二階は外階段でつながっており、今でもはじめて訪れた人は、どこが正面玄関なのか戸惑うようです。このはっきり言って使い勝手の悪い建物を選んだのは「何故ですか」と一度、平山さんに訊いたことがありますが、答えはいたってあっさりしたもの、「資金に見合うところだったから」でした。

介護保険制度が施行されたのは平成十二（二〇〇〇）年、その一年後に「さわやかテラス二日市」が開設され、山城裕美はそれまで勤めていた特別養護老人ホームから転職しました。

介護の現場は、「措置」の時代から「介護保険」導入という大きな時代の転換点に立っていました。介護保険制度が施行される前は、行政が介護サービスの対象者、サービスの種類や量、サービスを提供する事業者、これらすべてを決めていました。「措置」とは、なんとも上から目線の言葉ですが、中で働く人間はさほど抵抗なく使っていました。

介護保険制度に変わったことで、認定後に利用するサービスの種類や量、サービス提供事業者などは、介護保険の被保険者が自由に選択できるようになりました。介護サービスは国からあたえられるものではなく、利用する側が意思をもって「契約」し、選択する時代になったのです。さらに、措置の時代は、主に行政から委託を受けた社会福祉法人などがサービスを提供していましたが、介護保険制度のもとでは民間も参画でき、多様なサービス提供事業者の参入が認められるようになったのです。訪問看護ステーションや訪問介護ステーション、入浴サービスなどがどっと介護市場に参入した時代です。それにより、介護サービス市場に競争原理が持ち込まれ、サービスの質が問われるようになりました。グループホームもその一つでした。

特別養護老人ホームからグループホームに

世の中の仕組みが大きく変わる最中にあって、介護福祉士として働く私がどれほどそれを認識していたか、頭ではわかっていても実際には「さわやかテラス」に入職するまでわかっていなかったのだと思います。私たちは、措置の時代に、学校を卒業して介護の世界に飛び込んだのです。

二十五年前、私がそれまで勤めていた特別養護老人ホームは、入所者が百人という大人数で、そこでいちばん求められていたのは、三大介護（食事・入浴・排泄の介護）を手際よく、能率的に行うことでした。

現場では食事も入浴も排泄も流れ作業。食事の時間、車椅子に乗った三、四人のお年寄りをテーブルの周囲に集めると、私たちはその口にひらりひらりと茶碗の中身をスプーンで運ぶ。「アー」「ウー」とうなるお年寄りの口が開いた瞬間を狙ってさっと入れる手際のよさが、評価されていました。

入浴にしても、時間内に何人入れるか決まっているし、ささっと脱がせて、洗って、数人をしっかり肩まで湯船に浸けると、上げて、拭いて、着替えさせる。ゆっくりと湯船に浸ってもらいながら話を聞くなどという時間は到底持てませんでした。私はそれが、気持ちの上でとてもきつかったのです。

身体が不自由になったお年寄りを、まるでモノを扱うようにケアする。ケアする私たちにもっと何かしたいという気持ちはあっても、時間も人手も足りませんでした。「お年寄りの尊厳を守る」などと学校で学んできたことは、現場ではお題目に過ぎません。私は、何をしてもゆっくりと時間のかかるダメ寮母でした。おむつの交換一つとっても黙々と、テキパキとこなすことができず、声かけをしながら替えていました。

「さわやかテラス」って？

能率的にテキパキとお年寄りをケアすることに疑問を感じ、認知症のお年寄りのケアをもっとなんとかしたいと考えていた私は、少人数で家庭的にお年寄りが暮らすという謳い文句の新たな介護施設、グループホームに興味を惹かれました。新聞でスタッフ募集を見たとき、「さわやかテラス−？？」「さわやかー？」。介護の現場にはなんだかそぐわない、軽やかな響きのネーミングに首を傾げながら、ともかく新天地を求めて応募してみることにしました。

問い合わせ先の番号に電話をかけると、「お問い合わせをありがとうございます。是非応募してくださいね」と応対からしてなんだか勝手が違います。春日市のクローバープラザで面接がありましたが、受付に座っているのは、現在、ウェルフェアネットの事務長を務める平山さんの奥さんと娘さん（と後で知ったのですが）、「ああ、この方が電話で対応してくださったんだ」とすぐにわかりました。ご挨拶からしていきなり家庭的、普通の家庭の主婦が玄関でお客様を迎えるふうです。

会場には平山さんを中心に五人が並んで座っておられ、応募者は三人一組で面接を受け、順に質問に答えていきました。さすがにそこは会社の面接会場、いくつかの質問をされたのですが、その内容はあまり覚えていません。

ただ、平山さんが全くの畑違いの人で、「介護のことは素人です」と言われたことが印象に残っています。

現在のさわやかテラス二日市

あるがままに

介護というサービス業

少人数で家庭的な家にお年寄りが暮らし、もっとゆっくり丁寧に、おひとりおひとりの話を聞きながら……、といろいろ思い描いて期待を胸に入社したのですが、さわやかテラス二日市には、まったく違う世界が待ち構えていました。

平山さんからすると当然のことだったのかもしれませんが、私は入ったその日から介護という「サービス業」に従事することになりました。

入社が決まった時、さわやかテラス二日市は四月開設に向けて改装の途中で、私は事務長と一緒に壁紙を決めるところから関わるようになりました。そんなことからもう驚きだったのですが、平山さんから「家に鍵をかけない」、「一日のスケジュールは決めない」と言われてびっくり。これまでとまったく違う職場に入ったことを知りました。その後も平山さんが言われること、さわやかテラスの方針は驚くことばかりでしたが、ともかくも、ここは自分たちと入居者とでつくっていく「家」なんだということがとても新鮮でした。おまけに、私はいきなり責任者になったのです。

平山さんが私たちスタッフの仕事について細かく指図するようなことはありませんが、介護する側の都合で物事を決めるようなことをすると厳しく指摘されました。あくまでも入居者主体のケアという方針は十六年間一貫しています。

入居者が暮らしたいように暮らす。あるがままに、暮らすことができる家、それがさわやかテラス二日市でした。

episode 1

「あるがままに　楽しく　ゆったりと」

今、さわやかテラスのどの家にも玄関にかけている家訓「あるがままに　楽しく　ゆったりと」は、最初からあったわけではありません。

最初、私たちが考えたのは、「ありのままに　楽しく　ゆったりと」でした。それが「あるがままに」に変わったのは、テラスで亡くなったサブロウさんの一言からでした。

サブロウさんは、長年、地元の新聞社に勤務されていました。高度経済成長期の日本でジャーナリストとして第一線に立って活躍してこられたサブロウさんですが、さわやかテラスでは穏やかな年配の紳士という印象でした。それでも、当時の武勇伝を聞かせていただくとなかなかのもの。

「現役の頃はろくに家にも帰れず、何日も新聞社に泊まり込んだものだ。着替えなんか持ってきてないからね、その日はいていたトランクスを翌日は裏返しにして、それからまた表に返してさ、

一週間もたせたね」

退職後は悠々自適の生活がしばらくつづいたようですが、いつのころからか認知症の兆しが現れました。甘いものがお好きだったサブロウさんは、冷蔵庫にゼリーやアイスクリームが入ってなかったりすると大声で奥さんを怒鳴りつけたり、ものにあたったりと、同じ人とは到底思えない言動にご家族は仰天し、奥さんは怯え、ともに生活していくことが難しくなっていきました。困ったご家族は病院に相談し、精神科に入院させました。

病院では薬で抑制され、拘束された入院生活を送られたようです。

そんなご自身と周囲の環境が激変する中で、さわやかテラス二日市に入居されたサブロウさんは、当初、精神科への強制入院などの体験から強い喪失感をもち、しばしば混乱されていました。奥さんもまた、自宅でのサブロウさんの言動に傷ついたままで対面を怖れて、サブロウさんの衣類などを届けることがあってテラスの玄関に入っても、壁に隠れるようにして夫と会うことを避けていました。

「なんで私はここにいるのか。妻はどうしたのか」

スタッフは、混乱してリビングで立ち尽くすサブロウさんを自室にお連れして落ち着かれるまで話を聴きました。

サブロウさんは、なんの拘束もない自由なテラスでの生活に次第に馴染み、落ち着いてこられました。私たちもかかりつけ医の横溝先生に相談し、精神科で出された強い副作用のある薬を少しずつ減らしていくことで、徐々に本来の穏やかな自分を取り戻していかれました。

そんなある日のこと、毎月、ご家族へのお便りとして発行している「さわやか通信」の添削をしていたサブロウさんが、「ありのままに　楽しく　ゆったりと」というできたばかりの家訓をみて、「この言葉は、ここに住んでいる私たち自身のことを言ったものだよね？　〝ありのままに〟というのは、他人から見たときの言葉だよ。私たち自身が、こうしたい、こうありたいと願うことを言うのであれば、〝あるがままに〟だよ」とおっしゃったのです。

「そうか！」まさに「目からウロコ」でした。

テラスでの生活を受け入れ、「家」と感じておられたからこそ指摘された言葉だったと思います。スタッフの一方的な思いから〝ありのままに〟と決まりかけた家訓が、その一言で大きく意味を変えたのです。

サブロウさんは、当初の混乱が落ち着いてから三年、さわやかテラス二日市で穏やかな日々を〝あるがままに〟過ごされました。三年目のお正月を迎えてすぐに胃がんが見つかり、すでに治療もできない状態であったため、入院されることなく、外国からご家族と一緒に飛んで帰ってきて、泊まり込みで看病された娘さんとスタッフにみとられて静かにテラスで亡くなりました。

最後の夏、テラスの二階でお好きだったビールを飲みながら、お孫さんと一緒に花火大会を楽しんでいらっしゃった姿が、家訓を見るたびに思い出されます。

「あるがままに　楽しく　ゆったりと」という家訓は私たちの中にどっしりと根を下ろし、さわやかテラスを守り、支えつづけています。

さわやかテラスのあり方は、開設した時からまさにこの家訓通りでした。それは、今でこそさほど違和感がなくなってきたものの、当時はそれまでやってきた介護観が一八〇度覆されるようなことでした。介護する側の介護ではなく、あくまでも入居者中心の介護、私たちはそこで暮らすお年寄りの小さな支えでした。

鍵をかけない家

さわやかテラス二日市は、開設当初から鍵をかけない家でした。それまでの施設は、玄関に施錠して、窓も二〇センチくらいしか開けてはいけないことになっており、それが介護施設の常識でした。入所者が窓から飛び降りたら大変、事故につながることは絶対にできません。それが施設運営の決め事で、違反すると行政に注意されていました。

入所者は安全第一に管理し保護する対象で、本人の意思はほとんど尊重されず、施設に収容されている状態でした。入所者が監視の目をくぐって外に出ると、それは脱走。施設の責任者は真っ青になって探しまわり、なんとか無事に連れ戻すと、より一層目を光らせて見張る。それが施設のあり方でした。実際、そこで働いていた私たちも、しばしば息がつまりそうになりました。

さわやかテラスはどの家も、昼間、玄関に施錠しません。夜も内側から鍵を閉めますから、出て行こうと思えば自分で鍵を開けて出て行けます。それに、玄関だけでなく勝手口もポーチもありますから、入居者は自由に出入りできます。当然、「私、家に帰ります」と出て行かれる方、早朝、会社に行くと言って出勤（？）される方もいらっしゃいます。

こちらは監視しているわけではありませんから、堂々と出て行かれる。私たちは、ただただ納得されるまで一緒に歩きます。「ついてくるな！」と怒る方もいらっしゃるので、その場合は少し離れて後ろからついていきます。外に出ると急に力がみなぎるのでしょうか、それはもう健脚で、目的地はわからないのですが、毅然として前を向いて歩かれます。時には何キロも何時間も。

ただ、人間はいつでも自由に出て行けると思うと、逆に出て行かなくなるようです。だいたいの方が、一カ月も過ぎるとここが自分の家（居場所）と納得されて落ち着いてこられるようです。

もちろん窓も開閉自由、普通の家と同じように風を通し、日光を入れました。玄関が開いているのに、窓から飛び降りようとする人はいません。閉じ込めていないのですから脱走はあり得ません。施設から移ってきて、私は思いっきり大きく窓を開けました。お年寄りのためにというよりも、私自身が開放感を味わうためでした。

買いもの

さわやかテラスでは、スタッフが買いものに行く時は必ず入居者と一緒に行くようにと言われています。さわやかテラス二日市の入居者は身体が元気な方が多かったので、だいたいいつもお昼ご飯がすんで片付けが終わると、「お買い物に行きましょう」と誘って、散歩がてらに近くのお店まで歩いて行っていました。途中で寄り道する人もいますから、みんなで行ってみんなで帰ってくるのには時間がたっぷりかかります。見方によれば、はなはだ非効率ですが、この習慣は今も大切に守られています。

さわやかテラス二日市は2ユニット、十八人分の食材をそのたびに買うわけですから、お店の人にはすぐに顔を覚えてもらい馴染みになります。馴染みになると、「今日はお買い得シールば余計に貼っとくけん」とか「今日はサンマが新しくて安いから、サバはやめてこっちにしとき」とか、その日のお買い得情報を伝えてくれますし、何かと親切に便宜をはかってくれます。そこでの会話も生まれます。それを楽しみに出かける入居者もいるのです。

食料品の買い物は、とくに女性にとっては日常的な習慣であり、うちに閉じこもりがちな高齢者にとって外部とつながる大きな機会にもなります。たまに買い忘れたものを近所のお店まで走って買いに行ったスタッフが運悪く玄関で平山さんにばったり会うと、「一人で行ったとね」と叱られます。

平山さんは大手スーパーの現場で活躍してきた人です。買い物の楽しさ、買う人と売る人の間に生まれる活気を一番よく知っているのかもしれません。

さわやかテラスの冷蔵庫

施設の場合、多くがそうだと思いますが、毎日の日用品や食料品は業者に委託して、人数とメニューに合わせて一週間分、食材の種類によっては一カ月分をまとめて持ってきてもらいます。決められた予算内でバランスよくメニューを考えられますから、そのほうが理にかなっているように思えます。

多くの施設では、業務用の大型冷凍庫に冷凍食品がぎっしり詰まっていたり、整然と保存用の容器やジップロックに収まった食料品が並んでいたりします。さわやかテラスは、どこの台所にも家庭用の冷蔵庫が一台あるだけ。中に保存食や作り置きが入っていることは滅多にありません。冷蔵庫を占めているのはほとんど、入居者の好みの佃煮やお漬物やヨーグルトなどのおやつです。

さわやかテラスのスタッフは、毎日、入居者と一緒に近くのお店に買い物に行き、その日に使う分の食料品を買ってきます。買い置きはしないので豆腐などはほとんど毎日買いに行きます。買い物をして帰ったあとでも、入居者に「私も買い物があったとに」と言われると、また一緒に出かけます。「その日食べる分はその日に買う。冷蔵庫に溜め込まない」は平山さんが決めたルールで、十六年間変わりません。

一応のメニューは決めていますが、魚が安ければ魚を、肉の特売があればその場でメニューを変更、もちろんお年寄りが「あれが食べたかー」と言われれば、予算に合わせてメニューを変更します。お陰で、さわやかテラスのスタッフはやりくり上手な家庭の主婦のようです。若い男性スタッフでも、「今日は肉が安かったから、肉じゃがに変えましたー」とその日買ってきた食材に合わせてメニューを変えて料理を作ります。きっとみんないいお婿さんになれるでしょう。

台所

それまで勤めていた施設では、提供するケアの基本は安全確保でした。例えば、食事に熱い味噌汁は出さないというのは常識でした。ぬるい、薄いは味噌汁の定番でした。利用者がこぼして火傷をしたらいけないからというのが、その理由です。

二日市で、ぬるい味噌汁を出したらそれこそ大変！　やかましく叱られていました。「ぬるか味噌汁ば出してから。温めなおしてこい！」と言われ、「はい、すみません」と素直に謝り、熱々の味噌汁を出すと、美味しそうに飲んでもらえます。

それでも今まで、誰一人火傷をした人はいません。認知症だからと言って、生活歴は私たちの何倍もあるのです。幼い子どもではありません。熱い味噌汁をフーフーしながら飲むなどは当然のこと、味噌汁は熱くないと美味しくないのです。

台所にはよく切れる包丁を置いています。入居者の女性はスタッフの手つきを見て、「あんた、下手やねえ」と手伝ってくれました。「いえ、大丈夫ですから」と言っても、「いいけん、貸してんなさい」と言って、私たちよりもはるかに慣れた手つきでネギでもキャベツでもトントンと刻んでくれます。主婦歴は彼女たちのほうがずっと長いのです。刃物を持たせたら危ない、怪我をしたら大変……、でも、今まで指を切った人は誰もいません。スタッフにはいましたが。

さわやかテラス二日市の二階は外階段になっており、もともとお年寄り向けの仕様ではありませんから細くて結構急な階段です。「危なくないですか」と心配する人もいますが、今までこの階段で転んだ方はいません。もちろん私たちが支えますが、お年寄りは注意深くしっかりと足元を確かめながら下りてこられます。階段を用心して下りるというのは、身についた習慣なのです。

モノを売る、サービスを売る

こうした型破りのさわやかテラス二日市の生活に、私たちは戸惑いながらも次第に馴染んでいきました。と言うよりは、そこで暮らすお年寄りに必死でついて行ったというのが実態です。施設側が何もかも決めて、その通りに生活するというのではなく、入居者と一緒に生活を作っていく。それは新鮮で、毎日がドキドキするような体験のくり返しでした。

最初「スケジュールを決めない」と言われた時は、「ええ？　じゃあ食事の時間はどうしよう」と思ったのですが、気がつけば、朝、昼、夕方と自然にだいたいの食事の時間帯が決まっていました。それは、私たちスタッフが無理なく調理でき、入居者が自然に食卓につくことができる時間でした。

当時、よく新聞のチラシで「今日、どこどこでうどん屋が開店するそうですよ」と情報を仕入れると、「じゃあ、みんなで行きましょう」と一緒にぞろぞろお昼を食べに出かけたり、今日はティッシュが安売り、「お一人様一パック」と知ると、やっぱりぞろぞろ行列を作って買い物に行き、一人一パックずつティッシュを買って帰ったりしていました。その日その日の変化と工夫が楽しかったのです。

こうした介護施設のあり方を「型破り」と言いましたが、平山さんにしては当然のことのようでした。入居者はお客様です。三十年もモノを売る仕事をしてきた平山さんは、お客様が何を欲しているかをどこよりも早く、正しく察して、モノを仕入れ、正しい位置に並べて売る。それが給料をもらって働くという当たり前のことでした。モノを売ることから、サービスを売ることに変わっただけなのです。

ですから入居者が望むことを察して、サービスを提供するのは当然のことであり、私たちはそれを求められました。「あんたたちは、家でご飯を食べる時間が決められとるとね」と言われれば、たしかに一日のスケジュールに、ここからここまでは食事の時間というふうには決めていません。とは言え、最近になって平山さんが「あのころはみんな大変やったろうなあ」と独り言のように言われましたが……、ちょっと遅い。

高いハードル

認知症の入居者をお客様として、あるがままに受けとめる介護、「施設」ではなく「家」であることなど、私自身は平山さんが目指しているような介護が実現できたら、それはすごいことだと思っていました。でも現実には、ハードルはかなり高いものでした。

そして、当時のスタッフ全員が平山さんのいう介護を理解し納得できるわけではありませんでした。私と同じように介護施設から入ってきた人たちの中にはテラスの方針に反対し、いつ、誰が何をするか、決まりをつくってほしいと言う人もいました。

「突発的なことが起きたらどうするんですか」、「みとりをするって簡単に言われますけど、三人くらい同時にみとりがあったらどうするんですか」、そんなこと滅多とあるわけないのにと思いましたが、その論法でずっと追求されます。また、平山さんは原則として、入居を希望される方は少々難しい状態にあってもすべて受け入れる方針でしたから、それについても「そんな人が入居されたら、私たちはどうしたらいいんですか」と、「とても自分たちではみきれない」とそういう苦情もありました。

私は責任者として平山さんに近いところにいましたが、スタッフの言葉を平山さんに伝えることが精一杯で、平山さんの思いを十分に咀嚼して、彼らに伝えることができていなかったのだと思います。この時期、平山さんの方針とスタッフの言い分の板挟みになり、「さわやかテラス」の理想が高すぎるのかも、このままでは私自身が潰れると思い、平山さんに訴えたこともあります。

テラスの方針に納得いかないというスタッフが、自分たちでつくったスケジュールを見たことがありますが、何時に食事をする、入浴する、バイタルを測る、トイレの掃除をする、担当は誰、などなど時間と担当が細かく決めてありました。今、さわやかテラスの現場では、バイタルは誰が測るか一応決まっていますが、その人がいなかったら別の人が測り、個々の入居者の状態やその方の生活のリズムに合わせた時間帯に測るようにしています。たぶん彼らはそうした決まりの枠内で動くのが安心だったのでしょう。当時はそれが一般的な介護施設の常識だったとも思います。

病院や学生寮であれば、それでよいのでしょうが、入居者は患者ではなく、監督を必要とする生徒でもなく、長い人生を歩んできた先輩であり、自我が確立した大人なのです。

しかし、そうした状態は長引かず、半年も経たないうちに彼らは去り、私たちと入居者のそれまでと変わらぬ生活が残りました。逆によかったのかもしれません。そこで腹をくくり、この方針を貫くという覚悟ができました。昨年、集まった十六年生はみんなその前後に入ってきた人たちです。

みんな、誰もが驚くほど個性的ですが、彼らは「さわやかテラス二日市」の方針をすんなり受け入れて、生き生きとした生活を作っていきました。もし、彼らが同じようにルールを求めたり、疑問をもったりしたら、きっと私の気持ちも萎えていたと思います。今から思えば奇跡的なタイミングで、思いを共有できる仲間ができたのです。彼らは、その後のさわやかテラスの核になっています。

介護する側に立ったケアと入居者側に立ったケア、日常やっていることは食事のケア、排泄のケア、睡眠のケアであり、それまでやってきたこととそれほど大きく違っているわけではありません。でも、意識が違うと、世界がまったく違って見えてくるのです。私たちは本当に若かった。ですからある意味挑戦、そして何より入居者とともにくり広げる毎日の出来事にこころを奪われていたと言っていいのかもしれません。それほどさわやかテラス二日市の入居者は素敵でした。

episode2

「今年の刺身はうまかなあー」

タツオさんは娘さんに付き添われて、さわやかテラスに入居されました。

よく一人で近所の店に出かけては大好物の甘いものや刺身を買い、他の入居者やスタッフにそっと手渡してくださったりと、周りのことをいつも気にかける方でした。タツオさんは国鉄に三十五年勤め、定年後は趣味のテニスをし、地域では名を知られた方でした。

慢性腎不全と大動脈瘤を抱えており、テラス入居後も入退院をくり返されていました。四回目の入院で食事も入らなくなり、娘さんとスタッフが一緒に担当医と何度も話し合いましたが、退院の許可が下りませんでした。かかりつけ医の大西先生が「私が引き受けるから」と病院の担当医を説

得してくださり、やっと退院が許可されました。

毎日点滴をする予定でしたが、三日で針が血管に入らなくなり中止となりました。それでもタツオさんの状態は、私たちの不安をはらうかのように少しずつよくなって、次第に食事も入るようになり、時には好物の甘いものが「食べたい」と言われるまでになりました。

ある日の夜、お部屋を訪ねると、「ここに来て本当によかった……」と涙を流して、何度も何度も言われました。それは、タツオさんがテラスに入居されて、私たちが初めて見た姿でした。

元旦には娘さん手作りのお節を楽しみ、大好物の刺身に大きな口を開けて食べ、舌鼓をうち「今年の刺身うまかなぁー。上等！」とご満悦の笑みを浮かべておられました。その夜、急に呼吸が荒くなり、一旦は容態が落ち着きましたが、翌朝早く、娘さんが見守るなか息を引き取られました。

みんなで病院の担当医を説得して、タツオさんは帰ってこられました。医療面では厳しい状態でしたが、大西先生と訪問看護師さんが連携して診てくださったので、私たちは安心して日常のケアに集中できました。ただ、この時は初めてみとりを経験するスタッフが多く、全員の心を一つにして取り組む体制作りにいちばん苦労しました。

医療、看護、介護の連携だけではなく、タツオさんにとって馴染みの入居者の顔や声が聞こえることが、安心できる環境になったのだと思います。

タツオさんのみとりについてアンケートをとると、「タツオさんらしい最期を過ごしていただけてよかった」と全員が口をそろえました。

思い出はフルカラー

「お疲れ様」は禁句

さわやかテラス二日市の住人は、控えめに言っても大変個性的でした。世代的には、皆さん、戦前派ばかり。長年学校の教師をして自立して生きてきた女性や農家の嫁として働き、大所帯を守って子育てをしてきた人、男性は戦争から帰ってきた人や地域のとりまとめ役。経歴は様々でしたが、どなたも社会の一画で堂々と生きてこられた方で、何事に対しても意識が高かったと思います。その分、自分の流儀がしっかりある方ばかりで、独創的というか、強烈でした。

さわやかテラスでは、スタッフは帰るとき「お疲れ様でした」とは言いません。それは二日市からの決め事でした。

二日市のリビングのソファにはいつもキウさんとサトさんの二人が座って、私たちスタッフを監督していました。そこは全体が見渡せる場所で、キッチンもよく見え、裏口がなかった当時は玄関の出入りもわかりました。スタッフが退出しようと玄関で「お疲れ様でしたー」と言うと、「どこに行くとね」、

「えっ？　あの、ちょっとそこまで」、「ちょっとってどこね」と厳しく追求されます。

だんだんこちらも上手になってきて、「役所に行ってきまーす」とか、「お料理教室に行ってきます」と答えると、「役所になんの用事ね」、「ちょっと書類をもらってこんといかんから」、「そうね、何時に帰ってくるとね」、「はい、夕方には」とここら辺で納得してもらうと、「気をつけて行ってきなさいよ」と機嫌よく出してもらえます。ですから、出て行くときは「行ってきまーす」、入るときは「ただいまー」と挨拶するようになりました。そうすると、安心して送り出してもらえます。

ちなみに平山さんは、「お邪魔しまーす」とか「こんにちはー」と挨拶して入ってこられます。平山さんのことは校長先生と思っておられたようです。スタッフの話し合いがあるときなどは、「校長ば呼んできなさい」と必ず言われていました。

お二人にとって、さわやかテラスは「家」ですから、若い者の出入りをきちんと監督する責任があるのです。

スイッチ

そのサトさんは元数学の先生をしていらっしゃった方で、生徒の敬愛を集めた教師でした。当時の教師は今よりも威厳があったようです。ソファに座って、私たちと他の入居者の行動に目を光らせていらっしゃいました。ふだんから厳しくも愛情深い方でしたが、時々、先生に戻られます。

「あなた、今、何時ですか」、「はい、九時五分です」、「あなた、九時五分の意味を説明しなさい」、

「ウッ……意味ですかあ……。それは？！“％！！」ということになり、サトさんが納得する答えを出すまで一時間でも追求されることになるのです。

春先は「タケノコ」が禁句でした。ハツヨさんのタケノコのスイッチが入らないように、スタッフは用心して、テレビに春の話題など出てくるとあわててチャンネルを替えていました。ハツヨさんはタケノコの時期になると居ても立ってもおられず、なんとしても裏山にタケノコ掘りに行かなければなりません。タケノコは、その日の朝採らなかったら、翌日はもう食べられないほど伸びてしまうのです。

一度はハツヨさんの希望にそってタケノコ掘りにみんなで出かけましたが、タケノコ掘りがあれほど重労働であることを知らなかったのです。若い男性スタッフは六〇キロもの大量のタケノコを担いで帰ることになりました。スケールが違います。

それを皮を剥いて、茹でて……、大変でした。そういうわけで、破竹が出るころまでは、スタッフみんな、タケノコの「タ」の字も出ないように要注意。

そんなこととは知らないハツヨさんは、春なのに何かが足りない、変ねえ……と思っていらっしゃったかもしれません。申し訳ないことでした。

高倉健さんのようなテツオさん

二日市は郊外で、今でも周辺に畑がありますが、開設当時はもっと田舎でした。ホームの前に空き地があり、どういうわけかそこを自由に使わせていただき、入居者が耕して小さな畑にしていました。

テツオさんは畑仕事が好きで、そこで野菜を作っていました。暑い夏の日、帽子を被っているとは言え炎天下で畑を耕すテツオさん。ご家族にも相談しましたが、お父さんの畑仕事好きをよくご存じで、熱中症を心配するスタッフに「もしか日射病で倒れるようなことがあっても、畑で死ねたら父は本望です」とおっしゃいます。ならば私たちは、「そろそろ家に入りましょう」とは勧めず、ともかくせっせとお茶を運びました。それが「さわやか流」ケアです。

そんなテツオさんは背が高くて、なかなかの男前でした。なんでもきちんとしないといけない人で、ラジオ体操もみんなそろってしないといけない。私たちも入居者もさぼっていると叱られました。

テツオさんは、戦場から生きて帰ってきた元日本兵、ともに戦って死んでいった仲間の小指を切りおとしてポケットに入れ、終戦まで持って帰っておいて家族に返したという話をしてくださったことがあります。でも、そんな話を聞いたのは亡くなるほんの少し前のことでした。私たちと同じように、初めてその話を聞いたという娘さんは、このとき、お父さんの死が近いと思われたそうです。それから程なくしてテツオさんは亡くなりました。九十四歳でした。

筑豊の人で高倉健のような「よか男」。造園業をされていて、頼まれるとよその家の庭木を剪定したり、弁当をいっぱい買ってきてみんなに配ったりと親切で筋金入りの男性、忘れられない人です。

道なき道を

ハツヨさんは時々「馬に乗りたかあ」とおっしゃっていました。それを聞くと、ハツヨさんが見ている風景が遠く広がるような気がしていました。今の時代と比べて、思い出の風景が豊かなように思えます。そのころの入居者には、ハツヨさんのように田舎暮らしをしてこられた方が多くいらっしゃいました。

大根畑をみると、必ずハツヨさんのことが思い出されます。ハツヨさんも畑仕事同好会のメンバー。同好会といってもそこは昔とった杵柄、朝早くから畑に出て「肥やしになるとたい」と畑で用を足すのが習慣でした。

そんなハツヨさんは、テラスから実家のある塔原まで、道なき道を歩くのが得意でした。それも普通のアスファルトの道ではなく、太陽の向き、田んぼの風景、風の動きを見ながらよその庭を通り抜けたり、畑を横切ったり、縦横無尽の健脚ぶり。それでも、必ず生まれ育った実家までたどり着くのでした。

ある日の出来事、他の入居者に「ちょっと帰ってくるたい」と言い残していなくなりました。スタッフは手分けして探しますが、見当たりません。実家は弟さんが継いでいますが、弟さんも家には帰っていないと言います。途方に暮れて警察にお願いしようと思った矢先、弟さんから連絡が入りました。家の仏壇の部屋に寝そべっていたとのこと。

帰ってきたハツヨさん、「あたきが、おらんごとなるもんかい。あたきはここが家ばい！　おもしろかこつば言いなんな。アッハッハァー」と大胆不敵に大笑い。家族もスタッフも青ざめながら、さすが「筑紫野のおっかさん！」と思った豪快な一言でした。

夜のドライブ

ユウイチロウさんは、以前、北九州の大手デパートの部長をしておられた方で、さわやかテラスに来ても愛社精神がユウイチロウさんのなかにふつふつと息づいていました。

夜、夕飯が終わった頃、「出社する。車を呼べ」と言われた時には、きちんと背広を着て靴を履き、完全にサラリーマンスタイルで決めています。夜勤は一人ですから、困ったスタッフから私の自宅に電話がかかってきて出動要請があります。

車で駆けつけた私にデパートに行けと指示が出ます。「はい、でもよく知らないので道を教えてください」、「知らんとか。つまらん」、「すみません」、「左に行け」と叱られながら発車。

四つ角に差しかかって「これどっちに行きましょうか」と尋ねると、「左に行け」と。「この信号をどちらに行きましょうか」、「左」。「突き当たりになりますけど、どげんしますかね」、「左」。左に左に曲がっていくと、だいたいもとに戻るはずです。「すみません。ようわからんくなって……」と謝ると、「道もわからんとか。お前たちはつまらん」と叱られながら、実際途方に暮れて「もとのところやったらわかりますけど……」と言うと、「仕方がない。戻れ」と言われ、やっとテラスに。

自室に戻られたユウイチロウさんにお茶を持っていくと、ご本人はもうぐーぐー寝ておられます。

「納得するまで付き合う」ということではありません。嘘をつかずに付き合っていると、だいたいこういうことになるのです。

コミュニケーション能力

これほど個性的な人が揃っていましたから、喧嘩もありました。一度、サトさんが間違ってテツオさんの入れ歯を入れた時は、テツオさんは口から泡を吹きながらカンカンに怒っていました。サトさんは平気な顔。小さないざこざは日常生活のスパイス、ことが大きくなって困ることはありませんでした。この時代の人たちは、今に比べて共同体意識が高かったように思います。

食事の時は、全員がそろわないと誰も箸をつけようとしません。「みんなそろいましたね。はい、いただきます」という具合で、誰かがいないと「○さんは、どげんしたとね?」、「今日はちょっと具合が悪いと言って、部屋で寝ていらっしゃいます」などと答えると、「なして早よ言わんか!」と叱られ、みんなでどどどっとその方の部屋に様子を見に行かれます。足がおぼつかない方も、転がるようについて行かれます。

一度、テツオさんが転んで立てなくなったときは、キウさんがスタッフに「早よ、救急車を呼びなさい」、「玄関を開けなさいや」と指示しながら、テツオさんの横にずっとついていて「おいさん、もうすぐ車が来るけんな、大丈夫だから」と声をかけつづけていました。

キウさんがお風呂に入っていて、先に湯船に浸かったサトさんが貧血を起こした時のこと、キウさんは素っ裸で、上も下も隠さずおろおろと手伝おうとされる。「大丈夫ですから上を着ましょう。前くらい隠してください」と言っても、「大丈夫な?　大丈夫な?」と言いながら、そばについて心配される。

互いへの思いやりがあったし、今よりもコミュニケーション能力が格段に高かったように思います。私たちはしょっちゅう叱られていましたが、それで傷つくことはありませんでした。愛情がこもっていたというか、私たちスタッフを逆に庇護するような年長者の思いが伝わってきました。そして、実際に多くを教えていただきました。

与命

さわやかテラス二日市で二回目の敬老会でのことでした。トシコさんが立ってご挨拶をされました。

「皆さん、余命という文字は余った命と書きますが、私たちにはせっかく生まれてきた命があります。〝余命〟という文字ではなく与えられた命と書き〝与命〟とし、この命を全うしましょう」

認知症もあり末期がんを患っておられたトシコさんの一言に、私たちは感動しました。

私たちに、玄関でお客様のお見送りをするときの礼儀を教えてくれたのもトシコさんでした。

「相手の方が見えなくなるまで、きちんと手を振り見送りなさい」

それは、現在働いている若いスタッフにも守られています。

「認知症」っていったいなんなのだろう、と改めて思います。ともに暮らしているなかで、「認知症だから」という理解をすることはありません。その方の個性として納得するばかりです。そして、共感し、感動し、尊敬することのほうがはるかに多いのです。

「さわやかテラス」の人々

田中　順子

リスクマネジメント

数年前に流行した電話があった。

毎日のように「リスクマネジメントをご存じですか？　施設の方を対象に受講できます。これから、リスクマネジメントは施設のケアマネジャーとして必須の講座です。あなたはどうお考えですか。組織とか会社の返答が聞きたいわけではない。あなた自身がリスクから身を守るために、あなたに受講を勧めてるんです」と同じ電話がしつこくかかってきた時期があった。

最初は、興味がないとか、「本社を通してください」などと答えていたが、さすがに私も闘牛のように受話器に向かって言ってしまった。「じゃ、転ばないように拘束するんですか」と言うと「転ぶリスクの高い方をあなたはどうしてるんですか」と返される。「転ばないように、手の届く位置に家具を置きます」と言った。「よくそれで、ケアマネやってますね。あなた損しますよ」と電話を切られた。腸《はらわた》が煮えるとはこのことかと思うくらい嫌な思いをした。

しかし、よく考えるとこの電話で、一般的に「そうだ、これからリスクマネジメントを学んでおかないと、施設を守れない、自分を守れない」と納得しそれを学ぶ人はいるのだなと、悲しくもあり、やむを得ない時代になっているんだと感じた。そのあとに、なぜ私はリスクという言葉に感情的になったのか考えた。

日々認知症の方のお手伝いをしている中にいて、入居されている方自身から見たら、私たちスタッフがリスクだろうと思ってしまう。なんせ、さわやかテラスに勤務してからというもの、まーよくお年寄りから叱られる。包丁の持ち方ひとつ「あんたそげん力づよー切ってから、かた《肩》んこるたい。包丁が切れんけんこげんなる」と怒られ、「ドタドタ歩かんとよ」と言われ、あげくに「何もわからんくせに、呪い殺してやる」と耳元でささやかれたこともあった。

いろいろな考えはあっていいと思う。転ばないようにするために、見逃さないために、危険からお年寄りを守ること、訴えられないためになどいろんな理由から、リスク回避する方策は必要と考える人がいるのも当たり前かもしれない。

「さっさせな」

マツヱさんは、九十歳でさわやかテラスに来た。

入居当初は、混乱と物を盗られる恐怖に怯えて部屋から一歩も出られない程だった。しばらくすると、スタッフにも慣れ、食事だけはリビングに来るようになった。それからまたしばらくしたある日、廊下をタッタタッタと走っている。

「マツヱさん。どーしたんですか」

「なんな、走りよったい。足の弱ったらつまらん」

九十になってなお、走るマツヱさんを尊敬した。

またある日は、「あんた、なんばタラタラしよるとな。貸して。あたしが切るけ、まかないの朝は手際よーせな」と野菜を次々切ってみせてくれた。洗濯物たたみから、掃除までなんでもできた。決まって同じ話をしてくれる。

「八歳でおっかさんが死んだと。おっとさんがあたしの尻ば、バチーンて叩いて妹弟をおぶってから仕事したと。学校にも行かれんやったとよ。蚕ばこーてから、板の間で寝ろーが蚕に餌ばやらんばけん、つきっきりたい。おっかさんが死んだもんやけ、家のことは全部したと」と話してくれる。娘さんも言う。「母は学校にも行かせてもらえんやったから、読み書きもできません。だから、せっかく貯めたお金ももっていかれて、相当苦労したんです」と。

「さっさせな」とマツヱさんから言われるが、ちっとも嫌だと思わなかった。

私が、つわりで苦しい時も、「あんた心配せんと、病気やなかっちゃから。腹から出てきてありゃつまらんっていうたら、そこらへんのヘビば干して、煎じて飲ませりゃよか」と言われた。「ヘビかー!」と大笑いした。

暮らしの中で、見張りのようなリスク回避をしようとする想いも何も浮かばない日常。しかも、認知症ではあるけれど、「アルツハイマーのマツヱさん」なんて、思ったこともなかった。ただただ、尊敬と愛情で、家族にはなれないけれど、一緒に添い寝してもいいほど自分が子どもに返ってしまう場面も多く、スタッフのほうが甘えていた。

赤いベルベットのバスローブ

ルリコさん。男性スタッフが好きだった。きまって男性スタッフが夜勤のときに赤いベルベットのバスローブを着ていた。「部屋においで」と言われスタッフが行くと、バーンとバスローブを脱ぎ下にはなんにも着ないでニコリと笑って誘っていた。

次の日、男性スタッフは「脱いでたんです、どうしようもなくて、〝それは困ります〟と言ってしまってどうしたらいいか……」と訴えた。

みんなで話し合った。話し合う内容は、男性スタッフを転勤させようとか勤務帯を変えようとか、そのようなことではない。「どこが好みなんだろうか」、「背が高くて、スタイルがよくて、優しいとこじゃないか」などと意見が出る。結果、その場しのぎで誤魔化すよりも、「ご希望には添えないが、皆さんと同じように大事だと言ってみたらどうか」という意見にまとまった。件《くだん》の男性スタッフはルリコさんに「気持ちはありがたいけれど、皆さんと同じように大事」と言った。

「そんなことわかってる。ほかの人と一緒にしないで」

そうして、入居七年、恋に生きたルリコさんは、テラスで安らかに永眠した。その七年の間、恋したスタッフの数三人、いずれも長身で優しくスタイルよい男性を好まれた。通夜の時、ルリコさんが恋した男性スタッフは、棺桶のふたにメッセージを書いた。

「僕は幸せになります。結婚するから心配しないで」

ルリ子さんが好きだった大津美子の「ここに幸あり」が流れるなかで旅立ちを見送った。

小脳梗塞から認知症を患っていたチカさんも恋をした。夜にきまって男性スタッフを探す。「あなたの子どもを産めるやろか。今日はいいよ」とささやく、「すいません、僕、今日体調が悪いんです」と部屋を出てきた。「乙女の顔をされてたんです」と男性スタッフに戸惑いもあったが、誰にもそのような表情を見せないチカさんの一面が見れた驚きと嬉しさもあった。まだ、子どもを産もうと思う八十六歳のチカさんだった。

そんなチカさんも最期まで病気がちな娘さんのことを心配しながら、生きることや家族の絆の深さを教えてくださって、二人の娘さんが見守るなか旅立った。

人生に寄りそいつづける

さわやかテラスで関わったおひとりおひとりに、人生のドラマがある。その世界に入った時に思わないだろうか。リスクを感じているのは、入居された本人・家族ではないかということ。思い通りにならない暮らし、憤り↓反発↓混乱↓あきらめ↓受容することで人生の最後を迎えることが、その方にとってどれほど深い悲しみであることか。

考えようによっては、リスクマネジメントを理解していないように思われるが、これまで出逢った方からの教えがある限り、人生に寄りそいつづけることが、リスク回避よりも大切なことではないかと感じる。考えはどうであってもよいが、せっかく出逢った方ひとりひとりが幸せであってほしいと願う。せっかく出逢った方々に、リスク回避をサービスするより、ハッピーをサービスしたい。

特別理想を語っているつもりもなく、実現することはとてもシンプルであること。ドアに鍵をかけ、言葉でロックをかけ、薬で行動を抑制し、他者との関わりを「興奮」や「不穏」とし、暴力、暴言、徘徊、攻撃と問題視する労力よりも、困っていることは何か、ちょっと耳を傾けて一言をひろうだけで、互いにいい関係になるような気がする。「〜ような気がする」でこの十六年やってきた気がする。

重ねて言うが、やってきたことはとてもシンプルである。

そうして地道なことが、地域の温かい目に包まれて存在できている。

「ありがとう」と言えないから認知症であり、思い立った記憶が途切れる怖さを感じるから、引きとめない。何かわからないから手を握り、行ってみようと思うところまで一緒に歩く。帰りたい記憶のある場所まで探していく。震える足で食器を下げようとされることを見守り、「ありがとうございます」と手助けする。

顔にできたシワひとつにその方の人生を感じ、手の動きや動作の中にその方の習慣を見いだすことが何よりも楽しい。その発見を家族に話すと家族も思い出す。「そうだった」と思い出す。それだけで、十分のように感じる。

二つの展開

さわやかテラス大野城

介護保険は創設以来、急速に高齢化が進む社会の実情を追いかけるように三年ごとに制度改正がくり返され、平成十八（二〇〇六）年四月には、「地域密着型サービス」が創設、施行されました。これは、要介護状態になった高齢者（被保険者）が、可能な限り住み慣れた自宅または地域で生活を継続できるようにという主旨で、被保険者が住む地域で、その生活を二十四時間体制で支えるためのサービスです。施行にともない、サービス事業所は被保険者の日常生活圏内にあることが条件になり、保険者は都道府県から市町村にかわり、事業者の指定・指導・監督の権限も市町村に移りました。

この地域密着型サービス施行にともなって新設されたサービスの一つに小規模多機能型居宅介護サービスがありますが、株式会社ウェルフェアネットは平成十九年、春日市内で最初に小規模多機能型居宅介護施設さわやか憩いの家春日を開設しました。

さわやかテラス二日市、大野城、春日はグループホームが地域密着型サービスの一つに位置付けられる前に開設しており、入居者は県内外に住まわれていましたが、施行以降は原則として、事業所が置かれた地域に住む方が入居の対象者になりました。

病院から安心して帰れる家を

さわやかテラス二日市開設の翌年、平成十四（二〇〇二）年に開設したさわやかテラス大野城は、今もまだ少し悔いの残る入居者との経緯がありました。

タカコさんはやっとの思いで、さわやかテラス二日市に入居されました。現役時代は中学校の教師をされており、地域では名の通った方だったので、家族は認知症になったことを知られたくなかったようで、「施設にやら入れてから」という陰口を恐れてすべてを抱え込んでおられました。そのために家族全体が疲弊してしまい、次々に悲劇が起きてしまったのです。

今から十六年前、世の中の認知症に対する理解は全く進んでおらず、家の前に福祉関係の車が停まることさえ隣近所の目を気にして目立たぬように気をつける、とくに地方では、子どもが老親の世話をするのは当然という風潮だったのです。

そんな家族の必死の思いで入居してきたタカコさんでしたが、転倒し骨折してしまいました。外科的治療が必要であったため入院せざるを得なかったのですが、私たちは是非、戻ってきてほしいと願っていました。しかし病院からは、医療ニーズが高いタカコさんをグループホームには帰せないと言われました。今であれば、もっと自信を持って「大丈夫です」と言えたでしょうし、病院側の対応もそのころとは違っていたと思います。

私たちは、どうすればいいかを話し合いました。さわやかテラス二日市は廊下の幅が狭く、車椅子に対応できなかったのですが、そこはマンパワーでなんとかする、帰ってきてもらえると思っていました。しかし残念なことに、ご家族は病院に言われるままに転院を選ばれ、タカコさんはそこで亡くなりました。一般の人が医師の言葉に逆らって、自分の意思を通すことはなかなかできないことです。まして、リスクを並べられ、それが家族のことになると、当時も今も難しいと思います。

入居までのご家族の苦労を思い、タカコさんとは最後までお付き合いしたいと思っていたので、私たちにとってはなんともやるせなく切ない結末でした。

タカコさんのことがさわやかテラス大野城を開設する一つのきっかけになりました。すでにさわやかテラス二日市は空き部屋がなく、待機の人がいる状態でした。

「行き場所が見つからず困っている人がまだいっぱいいる。車椅子で移動が自由なもう少し大きな家をつくろう」という平山さんの一言に、私たちはすぐに賛成しました。

一から立ち上げた「大野城」

タカコさんのご自宅に近い大野城がいいと思っていたのですが、私たちが思うような物件はなかなか見つかりません。探しあぐねていた時、タカコさんのお孫さんのお知り合いだった地主さんが、私たちの思いを受け止めてくれました。タカコさんは戻ってこられなかったにもかかわらず、お孫さんが「こんなにうちのばあちゃんのことを大切に思ってくれたところが、いい物件が見つからず困っとる」と話してくださったのです。

「そういうことなら私が家を建てよう。それを貸すから、中は自分たちで好きなようにしたらいい」とありがたい条件で申し出ていただきました。私たちスタッフは、部屋の配置から窓の大きさ、コンセントの位置、廊下の幅と何から何まで、みんなで相談しながらさわやかテラス大野城の図面を引くことができました。この経験をしたことで、以後開設したさわやかテラス、さわやか憩いの家は、間取りから内装からすべてスタッフが話し合って決めるようになりました。

さわやかテラス二日市とはまた少し違って、入居者は超個性派ぞろい、それに合わせたかのようにスタッフも個性的でにぎやかでした。

さわやかテラスの基礎、認知症への取り組みや地域への働きかけなどの基礎は、さわやかテラス大野城でつくられたように思います。

開設当時のことから

さわやかテラス大野城は二〇〇二（平成十四）年十二月に開設しました。今でこそ新興住宅地ですが、四～五年前までは市民農園があったり、空き地や田んぼもありました。近くにアパートが建つ前は、さわやかテラス大野城の二階のリビング窓から、「春日あんどん祭り」の花火が見えたので、二階に入居者やスタッフが集まって花火大会を楽しんでいました。

さわやかテラス大野城開設当時は地域密着型サービスではなかったので、福岡市、太宰府市、久留米市など近郊の市町村から入居される方がいました。馴染みのない生活圏に移ってこられる入居者を迎えるために、私たちは、できるだけその方の住まいを訪ねて契約するようにし、その町の風景、風習からご本人や家族の習慣、こだわり、大切にしてこられたもの、自宅の間取りやご仏壇の位置、壁にかけてある写真や絵が何かということまで聞き取り、事前に情報を得るようにしていました。

たしかに認知症と診断されれば、その方に関わる病院や事業所は周辺症状についての情報を提供してくれます。しかし、内容は簡単な出身地や結婚した年、夫・子どもなど家族の有無、認知症を発症した時期など型通りの情報で、ご本人が何を大切にしてきたのか、近所付き合いはあったのか、地域でどのような役割をもっていたかなど、その方の全体像をつかむのは困難でした。この時期は、とくに病院から直接入居されるケースが多かったので、その方について知ることは限られていました。

私たちは、その方について多面的に知ることで、さわやかテラスで少しでもスムースに生活してもらいたいと考えていました。

あるとき、入居して間もない方がどうしても他の入居者の部屋に入ろうとされるということがありました。気付いたスタッフがその度に「お部屋はあちらですよ」「リビングをお探しですか」と尋ねるのですが、その行動はくり返されました。「どうしたものか」とカンファレンスで話し合う中で、「そう言えば……」と、自宅ではその方向にトイレがあったことを思い出しました。その方は、トイレに行こうとしていたのです。原因がそこにあったことに気づき、その後はさりげなく「こちらにどうぞ」と声をかけて誘導できるようになりました。

episode 3

ゴロウさん

平成十三年四月。さわやかテラス二日市が開設した四月一日に入居されたのはゴロウさんでした。当時を振り返って、ゴロウさんは六十代の若さで認知症を発症していたのだと今更ながら思うことがあります。若年性アルツハイマーの範疇と言ってもいいでしょう。ゴロウさんは几帳面で物静かな男性で自己主張は控えめでしたが周囲をよくみておられ、手帳に日記を詳しく書いていました。お話の中には、故郷佐賀の鍋島藩のことがよく出てきていました。

平成十四年十二月にさわやかテラス大野城が開設すると同時に、息子さんの家が近いからと、さわやかテラス二日市から移って来られました。二日市での入居第一号。大野城でも入居第一号です。私たちにとってゴロウさんは、いろいろと頼れる存在でした。定年退職したのち、亡き奥様の買い物によく一緒について行かれたそうで、山積みになったスーパーのカートを押して、袋詰めも几帳面に整理しながら手際よくこなしてくれました。大量に買い込んだ荷物をスタッフが重そうに持っていると、「持とうか」とかっこよく申し出てくれる紳士でした。

そんなゴロウさんは、平成十八年頃から頻回に散歩に出かけるようになりました。理由はわかっています。その頃、さわやかテラス大野城の入居者は平均年齢九十歳くらいでしたから、年齢からいうとゴロウさんのお母さんがたくさんいるような感じです。「こっちに座りなさい」、「トイレのフタは閉めるとよ」、「若いっちゃから、あーたがしなさい」と、そんなばーさんたちに付き合うのが嫌になって出かけていたのだと思います。

外は気分が晴れる。表札を見れば佐賀の友人の自宅にも見え、「ここは、高校の友だちの家」、

「ここは、中学の友だちの家」と教えてくれます。カチガラスを見れば「佐賀には、カチガラスがたくさんおるもんね」と懐かしそうに話して生き生きと歩かれます。テラスに戻ればまた、「ばーさん達がうるさい」と嘆く毎日を送っていました。

長い散歩に出かけたゴロウさんを皆で探すことが増えてきました。ある時は、コンビニの店員さんに「キャン　ユー　スピーク　イングリッシュ？」と話しかけたり、またある時は、工事現場の監督をしていたりと、想定外の行動で周囲をびっくりさせることがありました。さわやかテラス大野城近辺の住宅街は路地裏までゴロウさんの散歩道なので、足跡をたどって探しているうちに、いつの間にかご近所さんとの会話が増えていきました。

「こんにちは、今日もいい天気ですね」、「今度、夏祭りに行きますね」と声をかけられ、ゴロウさんを探しているとわかると、「あそこを歩いておられましたよ」と教えてくださる。お陰で、町の人たちと顔馴染みの関係になることができました。

その年の初夏の頃から、ゴロウさんの長い散歩は範囲が広がり、警察や役所まで巻き込んで探すことになりました。「なぜ、玄関を開けっ放しにしてるんですか。施設なんだから、きちんと管理してくださいよ。迷惑をかけないように」と言われたこともありました。市役所からの指導で、「GPSをつけるのであれば、鍵をかけなくてもよい」と言われ、しぶしぶゴロウさんにお願いしてGPSをつけてもらいました。

それからも歩きつづけたゴロウさんでしたが、甲状腺がんを発症し、頸部の大きなしこりがやぶれて処置が必要になったことから、少しずつ状態が低下し歩くこともままならなくなりました。

平成二十三年、息子さんたちや親戚の方が集まって話し合われ、ゴロウさんが住みなれたさわやかテラスで最期を迎えることを望まれました。

ゴロウさんが亡くなるその日、スタッフが枕元に集い、みとりの時を過ごしました。と言っても、静かにその時を待つしめやかな雰囲気ではありません。何しろさわやかテラスを開設したその日から十年のお付き合いです。話しても話しても話題は尽きず、それぞれ元気な頃のゴロウさんのエピソードを披露しては、「そげんやった」、「あげんやった」と思い出話に花が咲き、声はだんだん大きくなり、笑い声が混じり、その場が盛り上がってきました。

その時でした。意識レベルの低下していたゴロウさんがそっと布団をかぶりました。どうやら話し声が大きくて賑やか過ぎたようです。「おまえたちゃ、ちょっとうるさか」そう言われたのかもしれません。その夜に、ゴロウさんは息子さんが見守る中、静かに息をひきとられました。

episode 4

バナナ

福岡で暮らして四十年、それでもサダコさんは最期まで大阪弁のままでした。サダコさんはお子さんがなく、絵画好きのご主人と仲睦ましく暮らしてこられ、近所付き合いもほとんどありませんでした。

ご主人が他界し独り暮らしになってからは、孤独な生活で唯一気の許せるご近所の方と話しをするくらいでした。「誰の世話にもなりたくない」と言っておられたそうですが、夏に自宅で脱水を起こして救急搬送され、病院で認知症の診断を受け、身体機能の低下もあったために独居生活が難しくなり、さわやかテラス大野城にたどり着かれました。

これまで、誰の世話にならないと決めていたサダコさんは、スタッフのやさしい声かけに、「あー気持ちわるっ、胸くそ悪いわ」、「アホか」と決まって言われます。サダコさんにお尻を向けて料理をしていると、背中に向かってバナナの皮が飛んできます。スタッフが振り向くと、知らん顔です。また、わざとバナナの皮を床に落とし、拾おうとしたスタッフのしゃがんだ頭にお茶をかけて知らん顔ということもありました。

そんなサダコさんの対応は、さわやかテラス大野城の新人登竜門になりました。料理をするにも何をするにも、スタッフが入居者にお尻を向けて黙々と仕事をすることはダメ。何をするにも入居者の目の前でする。そうしていると、スタッフの手際が悪い姿に、「あーー、下手くそやなー。なにしてんの？　遊んでんのかいな」、「貸してみ、見ときや」、「あんた、えげつないな」と、言いながら味見や野菜切りもしてもらえます。サダコさんに『してあげる』気持ちになってもらうように、時にごますり、時にペコペコ謝りながらも、いかに乗ってもらえるかを考えていた。うまくいくと、スタッフ皆で喜んだものです。いつも成功するとは限らず、例えば、洗濯物をたたんでもらおうと、「部屋に持っていきます」と言っても、「しらんわ、かってにしーや」とにべもなく、散歩に誘っても「あんたと歩きづらいわ、やめといて」とよく言われました。

認知症になると人の世話になるばかりだと思われがちですが、こうして若者を頭ごなしに叱ったり、けなしたりすることが、生き生きと暮らすことにつながるということを、サダコさんから教えてもらいました。サダコさんはスタッフ教育とは思っていなかったでしょうが、アメとムチをうまく使い、いつのまにか「ええんちゃう」「あんたアホか」という辛辣な大阪弁にも愛情を感じるようになり、スタッフは逞しく成長しました。

そうして、さわやかテラス大野城に入居して三年半、孤独で絶対人の世話にならないと決めていたサダコさんは、最期にようやく孤独という重い荷物を降ろして、「主人がきてんで」と言いながら、スタッフみんなに惜しまれて旅立たれました。

メイコさんとの九年

さわやかテラス大野城が開設された平成十四年当時は、グループホームがどのような場所か知る人は地域にほとんどいませんでした。それでも、毎日入居者と近所の散歩に出かけていたので、高齢者の施設であることはわかっていたと思います。入居者にとっても、それまで暮らしてきた町ではありませんでした。平成十八年、グループホームが地域密着型サービスに位置付けられた時に、入居されたのがメイコさんでした。

メイコさんは認知症を発症し、更に自宅で腰椎圧迫骨折してから独居生活が難しくなり、さわやかテラス大野城に入居されました。入居時はまだ七十歳代。趣味のカラオケやサロン、婦人会の旅行、近くの温泉や買い物に外出するなど地域社会の中で生きてこられたので、それまでの関係を断つことなく暮らしつづけたいというのがメイコさんの思いでした。

私たちはその思いを大事にすることにしました。これまでのつながりを切ることなく、公民館のカラオケ教室や温泉に送迎し、サロンに参加し、好きな時に買い物に行くお手伝いをしてきました。最初は、カラオケ教室のお仲間も、「せっかく施設に入居したのに」と思われたようで、私たちの方針—入居者がそれまで生きてこられた社会との関係を維持すること—に疑問を持っておられたようです。

それでも、メイコさんが九年間カラオケ教室に参加しつづけたことで、「よー来たね。あーたが見えんから心配しとったよ」「歌は好きやもんね」とよく声をかけてくださるようになりました。たまにメイコさんが参加してないと、心配して電話もかかってきていました。結局、メイコさんは他界する二カ月前まで、カラオケ教室に通うことができました。また、メイコさんは温泉が好きでしたから、できるだけ送迎しました。そこで顔馴染みの皆さんと話すことで、「入居したメイコさん」ではなく、話し好きのメイコさんとして、ゆっくり温泉に浸かるひと時を楽しまれていました。

二カ月に一度の地域運営推進会議でも最初は管理責任を問われていましたが、次第に会の雰囲気が変わっていき、「そういう気持ちがあったんやね」、「その人の思いとかが大事なんやね」と理解して、「あんたたちようやっとるよー」と励ましていただけるようになっていきました。

そして今、さわやかテラス大野城には近所から入居される方が増え、民生委員さんや地区の担当をしていた方も、「ちょっと顔ば見ていこうか」と気軽に立ち寄り声をかけてくださいます。そして、「ここに入っても、こげん大事にしてもらえるし、よか顔してあるけん、私もお世話になろう」と言ってもらえるようになり、「老い」を受けとめる安心の場所になれたように感じます。

現在「さわやか南カフェ」が毎月開催することができるのは、メイコさんとの九年間があってこそと思います。そして、それが地域への恩返しができるきっかけになりました。

また、町の名物おはぎ屋の奥さんが入居されたことで、「高田さんのおばあちゃんもおんなさる」という話になって一段と地域に溶け込んできた感じがします。地域の祭りに参加するときも、家からの参加がテラスからに変わっただけで、さほどご本人も周囲の人たちも違和感がなく、文字通り「住みなれた町」で最期まで生きる支援ができるようになってきたと感じています。

さわやかテラス春日

お船の公園の跡地

さわやかテラス春日は二〇〇四（平成十六）年、春日市須玖に開設しました。ここは、さわやかテラスの母体である株式会社ウェルフェアネットの事務所が近くにあり、平山さんが公民館などでこの町のお手伝いをしてきたこともあり、顔見知りが多く「さわやか」の取り組みを知っている人たちがいる町です。

さわやかテラス春日のある場所は、もとは児童館が建っていました。児童館が船のかたちの建物だったことから地域では「お船の公園」として親しまれており、建物の老朽化によって取り壊された跡地にいったい何が建ったのだろうと、町の人たちは遠巻きに見ておられたようです。子どもたちの遊び場であり、朝のラジオ体操などに使っていた場所とあって、地域のお母さんたちのなかには別の用途の建物ができたことを快く思わない人もいたと聞きます。そうした町の人たちの気持ちにも配慮して、さわやかテラス春日は、児童館のシンボルだったしだれ桜を残し、空き地を広く取って建てています。

地域との交流

さわやかテラス春日が建った当時は周りに田んぼがあり、子どもたちの遊ぶ場所が近くにいっぱいあったようですが、十三年の間に町はゆるやかに様変わりし、マンションが建ち並び、福岡市近郊の住宅地として定着していき、それにしたがって遊べる場所が次第になくなってきました。そうした環境の変化もあって、小規模多機能型居宅介護施設さわやか憩いの家を併設してからは、そこの多目的ルームを地域の子どもたちに開放しています。放課後や夏休み、冬休みには、近所の子どもたちが毎日来て、宿題をしたりカードゲームをしたりして自由に使っています。

「おうちの人に断ってここに来ること」、「挨拶をして入り、玄関で靴を並べること」、「片付けて、挨拶して夕方五時までに家に帰ること」などのルールがありますが、あとは自由。初めのころ来ていた子どもたちが大きくなって、久しぶりに会うと制服を着た高校生で受験勉強中だったりと、自然に地域に馴染んできた感じがします。お母さんたちからも「(ここがあって)安心です」と言ってもらえるようになりました。

今では、さわやかテラス春日・さわやか憩いの家春日の夏祭りに用意したカレーが一〇〇皿で足りなくなるほどです。餅つき大会を開くと地域の人がたくさん参加し、逆に声をかけてもらって、テラスからも地域の行事や神社のお祭りに参加したり、お手伝いに行ったりしています。

ライフスタイル

さわやかテラス春日は、最初の一カ月で満室となりました。開設当時はまだ地域密着型サービスになる前で、春日市に限らず周辺地区から入居されたのですが、福岡市の中心街天神に近い、都会に近いところだからいいということで入居を希望される方が結構いらっしゃいました。

さわやかテラスには不思議と男性ばかりが入居されるところと女性が多いところがありましたが、春日は圧倒的に女性が多く、男性二人に女性が十六人という時期がありました。二日市や大野城と比べて春日の入居者は、どこかお洒落な都会のおばあさまという感じの方が多いような気がします。住まい方も、これまでと違う入居者もいらっしゃいました。

今、入居されているスミさんは要介護1、月に十日ほど家に帰っておられます。妹さんとよく旅行に出かけられ、先日は二週間ほどハワイにいる妹さんに会いに行かれました。社会性を失っておられないからこそそうした楽しみをもつことができるのでしょうし、逆にそうしたことがスミさんの社会性を維持し、豊かにしているとも言えます。

そうしたライフスタイルをもつスミさんは、隣りのさわやか憩いの家のほうが向いているようにも思うのですが、日常は二十四時間さわやかテラス春日の自室で過ごしながら、自宅と自由に行き来する、ご家族もそうした選択を支持されています。

フォローミー

さわやかテラス春日は、ともかく健脚の方が多いことが特徴でした。鍵をかけないさわやかテラスですから、入居者は「ここは違う」、「家に帰ろう」と思い立ち、様々な理由で外出されます。ご本人は単に思い立ち記憶の景色を探して歩かれますが、時として二時間、三時間、時に六時間と疲れを知らず歩かれます。皆さん、すばらしく健脚でした。

ついて行く私たちも見失わないように必死です。携帯電話で連絡を取り合いながら、交替しながら、ご本人が納得されるまでついていきます。ある方は、福岡市中央区の市民動物園まで歩いて行きました。さわやかテラス春日から直線距離にして七キロを超え、途中に国道もあれば県道もあり、川もＪＲの線路も越えていくわけです。

細心の注意を払ってついていくのですが、それでも時々見失ってしまうこともあり、警察のお世話になったことも何度かあります。一度は、博多区の警察署に保護されているところにお迎えに行きました。もちろん私たちは監督不行き届きとさんざん叱られて、平身低頭して謝りましたが、ご本人はくたびれて側のソファでぐっすり眠っておられました。

そうした失敗もありますが、私たちは入居者の「お散歩」にどこまでもお付き合いする姿勢を変えていません。同僚の田中順子さんが言うように「何かわからないから手を握り、行ってみようと思うところまで一緒に歩く。帰りたい記憶のある場所まで探していく」ことをつづけたいと考えています。

私たちの思い・・・
まだまだ発展途上ですが

介護の世界に入り今年で十年目になります。正直なところ、この十年間何度も何度も挫折し、辞めようと思ったことは数しれません。そんな時いつも私の心の支えになっているのが、入居者の方々の言葉です。

「あんたどうしたとねー」、「心配せんでも大丈夫、大丈夫」顔には出していないつもりでも入居者にはなんでもお見通しです。いつも不思議なほどいいタイミングで私を救ってくださいます。その度に、もう少し頑張ってみようと私の気持ちを奮いたたせてくださいます。

この世界に入ったころは、少しでも皆さんの支えになれればいいと思って働いていましたが、もしかすると、私が入居者の方々から支えられ、そして成長させていただいているのかもしれません。

介護という仕事は、本当に大変な仕事だと思います。入居者の方と一緒に時間を過ごす中で、楽しいことももちろんありますが、落ち込むことも数え切れません。

人と人が関わる中で、怒りや悲しみはつきものだと思います。でも喜び、楽しみもついてきます。その全てを共有することで、介護という仕事が成り立ち、やり甲斐のあるものになっていくのではないかと、この八年間で入居者の方々から教えていただきました。

まだまだ私は発展途上で、まだまだたくさんのことを教えていただき、成長させていただかなければと思えば思うほど、介護の仕事から抜け出せないなと日々感じながら、皆さんと泣き笑いしながら過ごしています。

地域に向けて

小規模多機能型居宅介護施設「さわやか憩いの家」からの展開

小規模多機能型居宅介護サービスは、通い、訪問、泊まりの三つのサービスを組み合わせて行うもので、利用者が住み慣れた地域で最期まで生きることを支援しようとするものです。二〇〇七（平成十九）年、株式会社ウェルフェアネットは春日市で最初の小規模多機能型居宅介護施設「さわやか憩いの家春日」を開設しました。

グループホームの運営がやっと落ち着き、地域との良好な関係が結べるようになった当時、私は、「なんでまた新しいことばはじめないかんっちゃろうか」と思いました。しかし、私の同僚であり、今、小規模多機能型居宅介護施設の統括責任者を務める平原由香さんは、二日市、大野城、春日とグループホームを開設し、その運営をしていく中で、これからは在宅にも目を向けていきたいと思い、さわやかテラス流の在宅支援の在り方を模索していたと言います。

認知症になっても、住み慣れた地域や自宅でその人らしく暮らしつづけることができる宅老所のようなものをつくりたい。通ってきたり、時には泊まったり、こちらから自宅に訪問したりできるような、三六五日二十四時間切れ目のない支援があるといい。子どもから高齢者まで気軽に立ち寄れる温かい居場所があればいい。働くスタッフ、立ち寄る人にとっても心地よい家を作りたい。地域の人にも、「こんな施設があると安心ね」と言ってもらえ居場所にしたい。そんな構想を温めていたと言います。

当時のことを思い出し、平原さんは語っています。

「グループホームさわやかテラス春日の広い敷地内、横半分空き地がレンゲ畑で埋め尽くされていた当時、想い・構想をめぐらせながら、ここに立ち寄るすべての人がゆったりとくつろげる家を作ろうと、素人ながら、手書きの図面を引き始めた。

風通し・光・居心地よいリビング。建築業者と何回も工程会議で話を詰めながら、手書きの図面を何枚修正しただろう。参考になりそうな施設や家を探し歩き、遠くは大阪まで足を運んだ。図書館では家づくりの参考になりそうな書物をかたっぱしから見ていった。

そうして、平成十九年二月に春日市で小規模多機能型居宅介護施設第一号になる〈さわやか憩いの家〉が誕生した。最初の構想から、想いを馳せ、実に三年の時が流れていた」

結果、小規模多機能型居宅介護施設さわやか憩いの家開設は、私たちの介護サービス、介護哲学を豊かにし、多くの気づきをもたらし、経験を重ねていくことになりました。その中でも、とても大切な出会いがありました。

なおこさんとの出会い

平原　由香

　なおこさんが四十三歳の時に、私たちは出会いました。

　今まで八十代、九十代の認知症高齢者の方たちとの関わりがほとんどでしたから、スタッフと同年代のなおこさんとの出会いは、衝撃的であり、とても新鮮でした。

　八つ年下のご主人と新婚のように仲睦まじい夫婦。なおこさんはいつもご主人のことを「まーくん」と呼びます。ご主人はなおこさんのことを「なおこ」と名前で呼びます。なおこさんは八歳年上だけど、ご主人に甘えて「まーくん」を頼りにしています。

　なおこさんはご主人と出会いお付き合い後、三十五歳で結婚されました。お互いにバリバリと仕事をしながらの新婚生活。とても幸せで充実した時間だったことでしょう。当時のなおこさんの写真を見ると、ロングヘアでセンスのいいファッション、すらりとした立ち姿はモデルようです。

　とても社交的で、人と交わるのが大好きなこともあり、得意なお菓子作りで和菓子料理教室を主催したり、百人一首愛好会を作ったりして、日々活動的な生活を満喫しておられました。

　そんな幸せな新婚生活が三年ほど経ったころ、なおこさんは外出先で突然倒れました。くも膜下出血でした。多量な出血で生死をさまよいながらも、ようやく一命はとりとめました。それから、なおこさんとご主人の生活は大きく変わることとなりました。

出血後二回もの開頭手術を受け、長い入院生活の中で寝たきりのなおこさんを献身的に看病し支えてきたご主人のお陰もあり、数年のリハビリ療養を経てようやく車椅子生活から杖で自分で歩けるまでに回復されました。

リハビリで体はなんとか回復してきたものの、くも膜下出血後の後遺症で高次脳機能障害をかかえながら在宅で過ごす。日常生活や社会生活の困難さを感じ、特に人とのかかわり方では難しさがあり、介護保険サービスを使って在宅で暮らすことを望んでいましたが、利用しようとするデイサービスは行くところ行くところ、三十カ所以上で断られました。

くも膜下出血で倒れて五年後、私たちは小規模多機能型居宅介護施設さわやか憩いの家で、初めて四十代前半の利用者として、なおこさんと出会うこととなりました（最初はどう向き合ったらいいのか、戸惑いと不安が大きかったのも正直な思いです）。

現在四十六歳のなおこさんの夢は、ご主人が開院した整骨院で受付として一緒に働くことだそうです。そして夫婦で一緒に新しいおうちで暮らすことだそうです。

「なおこは人が好きでいつもたくさんの人に囲まれた生活を送ってきた。病気になって、今までのようにはいかないけれど、なおこの人生、これからもなおこらしく過ごしてもらいたい」とご主人は言います。

なおこさんがくも膜下出血で倒れなかったら、今ごろどんな人生を歩んでいただろうか。きっと仕事のキャリアを積んで、趣味や余暇を楽しみながら輝いていたでしょう。あるいは、子どもに恵まれてステキなお母さんになっていたかもしれません。

なおこさんと初めて出会ったときに、偶然にも大学の同じ科の卒業生で、二つ先輩であることを知りました。まさか介護の仕事を通して、こんな偶然に先輩に出会うなんて……と驚きつつ、もし、自分がなおこさんの立場だったらどう過ごしていただろうかと思うのです。家族や傍にいる人たちとどんな時間を過ごしていただろうかと自分の人生を重ね合わせることもありました。

くも膜下出血で倒れ、後遺症に重度の高次脳機能障害が残りました。最初のころ、私たちは障害の理解もままならず、なおこさんの一つ一つの行動への強いこだわりや、利用者やスタッフに向けられる乱暴な言葉や暴言、粗暴な行動に衝撃と戸惑いがあり、現場のスタッフが疲弊していたこともあります。カンファレンスにご主人にも参加してもらい、今までの経緯やどう接したらいいか、そして何より人生の伴侶としてのご主人の想いを聞くことで、自分たちも腹を据えて関わっていこうという覚悟がもてるようになりました。

人は人との交わりで生きていく。感情のこすれ合いや温もりやふれあいが何より大切であるということを、なおこさんに教えていただきました。

これからもなおこさんと歩む時間はゆるやかに流れていくでしょう。なおこさんの想いが叶えられるように、まーくんとなおこさんがパートナーであるように、私たちもなおこさんが自分らしく過ごせるように、人生に寄りそい、歩みつづけるパートナーでありたいと思っています。

「さわやか憩いの家　春日」を開設して私たちは、多くの気づきと学びを得ました。開設八年後、その取り組みの一端を「認知症ケア事例ジャーナル」（ワールドプランニング刊　二〇一五年三月）に平原由香が発表し、掲載されたものを紹介します。

——「認知症ジャーナル No7」巻頭言　掲載より——

〈事例報告〉

地域のなかで暮らしつづけるその人を支える小規模多機能事業所を目指して

—A氏と家族の想いに寄りそった事例を通して

平原　由香

事業所として、A氏や家族の想いに寄りそいA氏の暮らしをどう支えていくかを考え、チームケアに取り組んだ。A氏の事例を通して、小規模多機能型居宅介護における人・地域・事業所などつながりある支援（地域生活支援）の重要性について報告する。

はじめに

高齢者が住み慣れた地域で暮らしつづけることができるよう、地域密着型サービスが創設されて九年がたとうとしている。そのなかのひとつが小規模多機能型居宅介護施設であるが、利用者やその家族のニーズに適宜対応するため、必要なサービスである「通い」「訪問」「宿泊」を組み合わせ、スタッフが顔なじみの関係で、柔軟に臨機応変な支援ができるところによさがある。

現在、筆者が所属しているB小規模多機能型居宅介護事業所（以降、B＝「さわやか憩いの家」*編集補足）は、開所して八年になる。さわやか憩いの家の隣には併設の認知症高齢者グループホームがある。まわりは静かな住宅街で、市の児童センター跡地に立地しているさわやか憩いの家は、普段から近所の子どもたちが自由に行き来しており、集いの場となっている。そのなかで、家訓である「あるがままに　楽しく　ゆったりと」の理念に添い、一人ひとりの利用者が住み慣れた地域で、自宅で、その人らしく人生の最期まで生き生きと暮らし続けることを願い、地域に溶け込む居場所づくりを目指している。

今回の事例報告では、ライフサポートワーク[1]の実践結果として、アルツハイマー型認知症（Alzheimer's Disease：AD）であるA氏と家族とのかかわりを通して、想いに寄りそう支援とは何か、地域のつながりある人たちとの関係をどう生かしたらよいのかを明らかにするために、チームケアを振り返り考察する。

事例紹介

A氏、八〇代前半、女性

診断名：AD

既往歴：甲状腺機能低下症、高血圧症

認知症高齢者の日常生活自立度：Ⅲa

要介護度：要介護2

日常生活動作（Activities of Daily Living：ADL）：食事や排泄など基本的には自立していた。

性格および主な症状：元来きっちりとした性格でしっかり者。人づき合いを好む。喜怒哀楽の感情の起伏が激しく、自分のペースが乱れたり思いどおりにならないとパニック状態になり大声が出る。自宅での生活時間（食事・入浴・就寝）が決まっており、生活行動パターンもこだわりが強い。自分の愛用のもの（洋服・布団・バッグ・スリッパ等）も決まっており、違うものは受けつけない。他者（家族を含め）からの声かけには拒否が強く、頻繁に大声が出ることで、ほかの利用者と交流することがむずかしい状況がある。

生活歴等：長年、夫と二人暮らし。結婚前から六〇歳ごろまで洋裁の仕事をしながら家族を支えてきた。二人の娘と自身の妹の子どもを養子として育てる。A氏の娘たちは結婚して他県に住んでいたが、夫が妻の介護疲れでうつ病を発症したため、二年前から長女が介護のために自宅に戻り、主介護者として同居する。

A氏と周囲の想い：A氏は、「八〇歳をすぎてお迎えも近い。墓も建てとるし、何の心配もない」、「お父さんとは最後まで添い遂げんといかん」、「私はだれにも迷惑なんかかけてません」と思っており、A氏の夫や娘は「可能な限り妻・母の望む暮らしを続けさせたい」と考えている。

経過および結果

A氏の利用当初の様子など

六年ほど前に専門医にてADの診断を受ける。以前は訪問介護（主に買い物）サービスを週二回程度利用していた。A氏の病気の進行と夫の介護疲れが顕著になり、居宅介護支援事業所の介護支援専門員（ケアマネジャー）より相談があり、三年前からさわやか憩いの家を利用することとなった。

利用当初、自宅で転倒し恥骨を骨折する。病院から入院を勧められるがA氏は強く拒否した。痛みがあり安静の指示もあるが、いまの状態では家族が世話できないと相談があり、痛みが治まり自力で歩けるようになるまで（約一カ月）はさわやか憩いの家で「宿泊」対応をすることにした。しかし自宅に帰れないことに納得いかず、ましてや生活習慣やこだわりが強いA氏にとって二十四時間のさわやか憩いの家での生活は混乱とストレスが大きかった。

「帰るー、タクシーをよびなさーい」と顔を赤らめ、気持ちがイライラする場面が多かった。

骨折の痛みには痛み止めの内服と湿布で対応していたが、とくにトイレでの立ち座り時に痛みの訴えが強く、動きや姿勢に配慮した。可能な限りA氏の傍にいることで気持ちを受け止めて、好きな食事メニューを出したり、リビングでは好きな石原裕次郎や美空ひばりの曲をかけたりしてリラックスできる環境をつくった。

また、気分転換に車で外出に誘うと「ドライブがいちばんよいわ。緑がいっぱい」と喜んだ。少しずつ穏やかに過ごせる時間も増え、二週間経つと自力で歩けるようになった。その後、痛みも軽快したため自宅に帰った。

それからは、食事どころとなっているさわやか憩いの家で昼食を食べ、午後からスタッフといっしょに近所のスーパーで買い物をして自宅に帰るというかかわりで、自宅から憩いの家に「通う」ペースが徐々にA氏の生活のリズムとなっていった。

また、憩いの家の利用者のなかに、昔、A氏家族と同じ社宅暮らしをしていた友人がいた。人との交流にむずかしさもあったが、その人に対しては「ここには私の親友がいるから」とこころを寄せており、関係づくりとして「通い」のきっかけにもなった。

本人支援のライフサポートプラン：孫娘の結婚式

Ａ氏は初孫である長女の娘（以下、孫娘）をとくにかわいがっていた。小さいころの孫娘の洋服はほとんどＡ氏が手作りし、お宮参りの着物も繕ったと長女から聞いていた。

その孫娘が結婚することになり、結婚式に出席するので「宿泊」を入れてほしいと長女からの相談があった。Ａ氏への介護と家族の負担軽減を考えれば、「宿泊」という選択もある。しかしながら、これまでＡ氏が築いてきた家族とのつながりを考えるライフサポートワークの視点から、憩いの家への「宿泊」ではなく、Ａ氏を孫娘の結婚式に連れて行ってはどうかと提案した。家族も最初は不安な様子であったが、Ａ氏の想いを叶えたいと伝えると喜んで了解してくれた。

それから「結婚式ツアー計画」[2]のライフサポートプラン（図１）の打ち合わせが始まった。

自宅から結婚式場まで高速道路を使って二時間半かかる道中の下調べのほか、結婚式用のワンピースにいつ着替えをするのか、挙式から披露宴まで長丁場となるが、体力的にもつのか、コース料理ではなくＡ氏が好きな親子丼は準備できるか、疲れたときに体を休める休憩室はあるのかなど、日ごろのＡ氏の状況を踏まえてなるべく疲労や混乱がないように、家族と念入りに打ち合わせをした。

当日はスタッフ二人が同行した。教会で讃美歌を声高々に歌い、孫婿に何度も駆け寄っては「おめでとう。夫婦最後まで添い遂げなさい」と手を握って声をかけるＡ氏のやさしい眼差しは、憩いの家ではみることのない姿であった。

披露宴で孫娘からＡ氏へ送られた手紙では、小さいころからとても大事にされ、手づくりの洋服や手編みのセーターなど手にした思い出と感謝の想いがつづられ、Ａ氏が大切な家族としてかけがえのない存在であることを感じたひとときであった。

小規模多機能型居宅介護のライフサポートプラン					作成〇年△月□日		
利用者名　A 殿		生年月日　年　月　日			住所		
事業所名・介護支援専門員名			B 小規模多機能型居宅介護事業所			プラン担当者	
認定日　年　月　日	認定の有効期間		年　月　日～　年　月　日		要介護状態区分要２	日常生活の自立度　Ⅲａ	
個々の目標（ゴール）	「80 過ぎておむかえも近い。〇〇に墓も建てとるし何の心配もない」「このままお父さんとの家で暮らしたい」						
審査会の意見	特に記載なし						
当面の目標 ニーズ	①　〇〇ちゃん（孫）の花嫁姿を見にいこう						
	②　今まで通り近所の友達や老人会の付き合いを大切にしていきたい						
目標を達成するための具体的プロセス／課題	本人	家族・介護者	地域	事業所	具体化 （いつ or いつまで、だれが、どのようにして）		
①〇〇ちゃん（孫）の花嫁姿を見に行こう	「〇〇ちゃん、お嫁さんになるの？」「連れて行ってくれるの？たのしみね」	結婚式の洋服の準備式場スタッフと本人に合わせた料理や細かい段取りの打ち合わせ	親友（事業所の利用者）「〇〇ちゃん、結婚するの？いいわね、写真見せてね」	結婚式当日に、自宅から結婚式場まで一緒に同行する	結婚当日まで	事業所スタッフご主人娘さんお孫さん	A さんが参加できるように段取りの打ち合わせ（交通手段・食事・衣装・休憩室・当日の流れ等）
②今まで通り近所の友達や老人会の付き合いを大切にしていきたい	「私は老人会が楽しみよ。みんな顔見知りだもの」	（夫）みんなに迷惑かけてしまうなら辞めたい。（娘）母はとても行きたがるんです。	老人会会長、民生委員、自治会長「何かあれば手伝うけん、よかよ」	老人会の日は、自宅から一緒にスタッフが付き添いする	月１回（第２日曜日）	本人・家族老人会会長のメンバー・事業所のスタッフ	老人会で居心地よく過ごせるように配慮する。 地域の人とのつながりを知っていく。
他の介護保険サービスの必要と具体的課題	住宅改修（玄関の手すり、２階のお縁の段差解消）　配食弁当　介護保険外のサービス　高齢者等家族支援事業（週２回、サポーター　午後訪問）　散歩や話し相手						
モニタリング					確認欄		

図１　A さんのライフサポートプラン

家族の支援：介護保険外の行政福祉サービス

結婚式を挙げた孫娘が母親（長女）のいるＡ氏宅に里帰り出産をすることになり、長女から出産の手伝いと介護の両立ができないと相談があった。

もともと自宅にいることを望むＡ氏にとって、毎日「通い」にすることはストレス感が大きく、精神的な負担が増す恐れがあった。それまでは憩いの家で週四日「通い」のかかわりであったが、「通い」以外の日はスタッフが「訪問」して自宅ですごす支援ができないか、「訪問」では、どのようなかかわり方がよいかを話し合った。

また、行政や地域包括支援センターに相談し話し合って、高齢者等家族支援事業を導入することにした。この事業は介護保険外の行政福祉サービスで、認知症高齢者等を見守る支援員（以下、サポーター）が居宅を訪問し、高齢者の見守り、話し相手などを担うことにより介護家族者の負担軽減を図るものである。

その結果、長女が孫娘の出産を手伝う期間（三カ月ほど）に関して「通い」の日は憩いの家で過ごし、自宅で過ごす日は午前中スタッフが「訪問」し、好きなドライブや買い物に同行した。午後はサポーターが訪問し、話し相手をしたり自宅近くを散歩したりして、Ａ氏の生活リズムに合わせることによりいつものペースで穏やかに過ごすことができた。またこの間、Ａ氏といっしょに孫娘のいる産院まで、生まれたばかりのひ孫に会いにも行った。初ひ孫を抱くことができ、喜びの対面であった。

地域とのつながりを断ち切らない支援：地域の老人会・地域運営推進会議[編集注3)]

Ａ氏が自宅から一人で出かけて帰らずに所在不明になったときは、スタッフのほか、長女の依頼で近所の人や自治会長、老人会会長、民生委員もいっしょに探してくれた。このとき初めてＡ氏と地域の人とのつながりを実感し、この人たちを頼りにしようと感じた（A氏は近所の商店街で惣菜を買っていたようで、一時間後自宅近くで無事に見つかる）。

A氏が長年、居場所としていた老人会。夫から「近所の人にはこれ以上迷惑かけられん。老人会を辞めさせたい」と相談があった。A氏にとっては楽しみの寄りどころであり、洗髪をいやがっていたA氏も老人会の前には髪染めを希望し、洗髪することができていた。「心配せんでもよいから、Aさんを（老人会に）連れておいで」と言ってくれる老人会会長の言葉も聞いており、何とかつながりを断ち切らずに続けていけないか、家族と話し合った。

それまでは老人会に長女がつき添いをしていたが、長女に代わってスタッフが同行することにした。そこでは、長年地元地区の一員であるA氏の存在感を垣間みることができ、認知症を理解しサポートしてくれるメンバーとのつながりやふれ合いがあった。また、A氏と同行することで老人会の人に憩いの家の存在を知ってもらう機会になり、「こういう施設があったら、私たちも安心やね」と声をかけてもらった。

また、憩いの家で定期的に行っている地域運営推進会議では、行政、地域包括支援センター、自治会長、社会福祉協議会、警察官、長女、民生委員、スタッフを交えて、いまのA氏の暮らしぶりや老人会での様子を伝えた。

長女は「いつも地域の人に支えてもらい、助けてもらっています。こういう会議に参加することで、さまざまな立場の人の意見を聞くことができて勉強になります」と発言し、民生委員からは「時々自宅に行って（A氏の）ご主人の話を聞くが、介護疲れでかなりストレスがたまっているようだ。一度公民館のサロンに誘ってみようと思う」との意見が出た。

参加者からは、認知症になっても地域で暮らすことについての意見をそれぞれ出し合った。

補足

Ａ氏は初ひ孫の誕生を見届けた四カ月後、自宅で長女にみとられて安らかに永眠した。憩いの家では、出会いから丸三年間のかかわりであった。

Ａ氏のライフサポートプランも「通い」から「宿泊」そして「通い」「通いと訪問」の支援になり、体調を崩してベッド上での生活となってからは「宿泊」へとかかわり方も変化していった。なにより自宅で過ごすことを望んでいたＡ氏の気持ちに添い、主治医とも話し合って最後の五日間は自宅に帰った。二十四時間訪問看護ステーションと連携し「訪問」の支援に切り替え、Ａ氏は自宅で夫、娘たち、孫みんなといっしょにすごした。

Ａ氏が望む暮らしとはなにか、亡くなる最期まで見つめ続けたかかわりであった。

「この家で、お父さんと最後まで添い遂げんといかん」といつも口にしていたＡ氏がしのばれる。

考察

ライフサポートワークの実践

Ａ氏の望む暮らしを考えることは、Ａ氏の普段の生活を見つめることから始まった。自宅で過ごす一日の生活のリズム、夫と分担して行っている家事、毎日歩く散歩コース、そこで立ち寄る友人の家、近所のスーパーや商店街での買い物、行きつけの美容院、楽しみにしている老人会、愛用のもの、大切にしている人との関係性を知っていくことが「Ａ氏らしい暮らし」を考えることになり、地域での暮らしを支えていくことにつながった。

介護の場面に限らず、その人の暮らしを見つめ、日々の生活の全体像をとらえて支援することがライフサポートワークの実践ではないかと考える。

また、在宅での暮らしでは、本人はもとより家族介護者の状況も日々変化していく。その変化に柔軟に対応していくためにも、スタッフ同士の日々のミーティングは重要であると考える。

「本人はどうしたいか」「家族にできることはなにか」「地域とどうつながっていくか」など、日々のミーティングのなかから気づきを話し合うことで情報の共有につながり、一人ひとりの「いま」に合わせた柔軟なライフサポートプランの実践につながると考える。

地域資源の活用

A氏にとって近所でつながる人たちは、A氏を深く知る人たちばかりであった。また長年、老人会がA氏の居場所になっており、老人会の会長やメンバーとのつながりを巻き込むことがA氏を支えるうえでも大きく、憩いの家として地域の力をA氏の支援に生かすことが重要であると考えた。

A氏が所在不明になったときも、民生委員や近隣の人、老人会会長がいっしょに探してくれた。憩いの家も、このような人たちとつながることで支え合うことができ、地域推進運営会議ではかかわりを共有することの大切さを感じた。

憩いの家も地域住民の一員であると考えれば、地元地区の夏祭りや運動会、餅つき、防災訓練、防犯パトロールなど自治会行事にいっしょに参加することで様々なつながりがみえるようになり、近所づき合いも自然と深まってくる。地域運営推進会議等で現場の声を発信することで、様々な立場の人たちと福祉の課題をいっしょに考える場となり、認知症ケアの理解や支え合いがより広まるのではないかと考える。

まとめ

地域のなかで「その人らしい暮らし」を支えていくことを、介護の専門職だけで担うのはむずかしい。ややもすれば介護事業所だけで抱え込みがちになるが、今回の事例では、筆者らがA氏の暮らす地域のなかでかかわり合う人たちとつながることで、あらためてA氏が地域の人から支えられていることを実感した（図2）。

二〇一二年に発表された厚生労働省認知症施策検討プロジェクトチームの報告書でも、今後の認知症施策の方向性については、「認知症になっても本人の意思が尊重され、できる限り住み慣れた地減のよい環境で暮らし続けることのできる社会の実現を目指す」と報告されている。

地域性や本人・家族を取り巻く環境もさまざまで、在宅でその人らしく人生の最期まで暮らし続けることの仕組みづくりはまだ課題も多い。これからますます認知症の人が増えていくなかで、地域包括ケアシステムを担う中核的なサービスとして小規模多機能型居宅介護の役割は今後も大きいであろう。

これからも、本人の想いに寄りそいつつ希望を受け止め、それを叶えるライフサポートワークの実践を積み重ねていきたい。地域のなかでその人らしい暮らしを支えるには、本人・家族・ケアスタッフだけでなくさまざまな地域の力を含めた資源をつなぐ支援が必要であり、そのチームケアがライフサポートワークの実践であると考える。

課題を介護事業所だけで抱え込むのではなく、地域運営推進会議等で現場の実践を発信しながら地域を巻き込み、周囲との協働でその人の暮らしを支えていく取り組みの積み重ねが、だれもが地域でその人ら

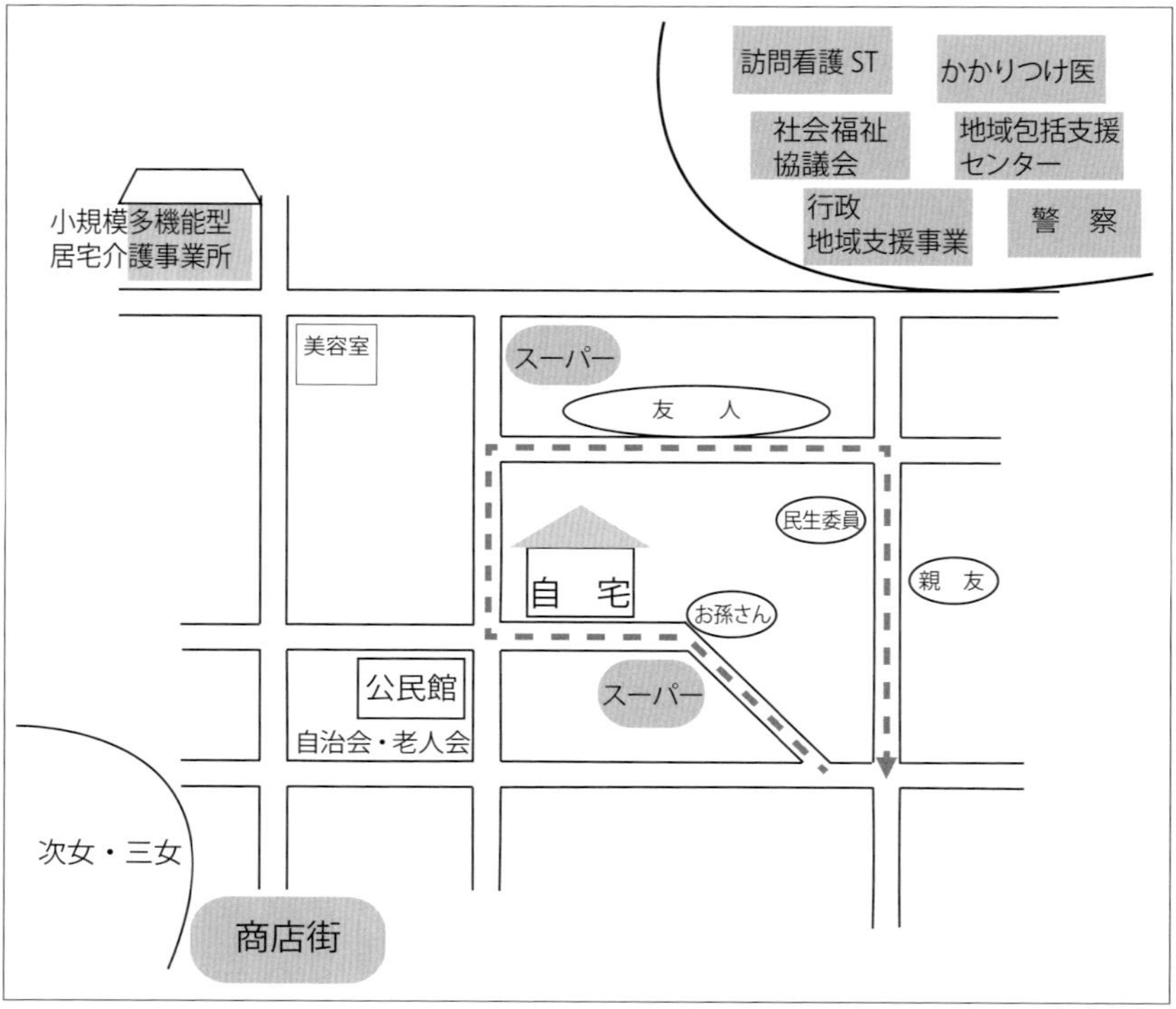
訪問看護 ST
かかりつけ医
社会福祉
協議会
地域包括支援
センター
行政
地域支援事業
警　察
小規模多機能型
居宅介護事業所
美容室
スーパー
友　人
民生委員
自　宅
お孫さん
親　友
公民館
自治会・老人会
スーパー
次女・三女
商店街

図 2　A 氏の暮らす地域

しく普通に暮らせる街づくりにつながっていくのではないか。

認知症ケアや地域密着型サービスに携わる身近な事業の仲間と連携し、お互いにケアの質を高め合い、行政や他職種ともコミュニケーションをとりながら、その人らしさを支えていくよりよい介護サービスの実現を目指して今後も研鑽していきたい。

1）ライフサポートワーク
二〇〇六（平成十八）年の改正介護保険法で創設された「地域密着型サービス」、とりわけ小規模多機能型居宅介護事業でのケアマネジメントの実態に合わせた様式の見直しを目的に、全国小規模多機能型居宅介護事業者連絡会が中心となって、二〇〇八（平成二十）年度に開発した、「小規模多機能型居宅介護のケアマネジメント」に関する考え方の総称およびそれを実践するための様式。
2）ライフサポートプラン
地域密着型サービスのケアを通じて支援する「その人らしい暮らし」の実現に向けての生活支援プラン。また、二十四時間の個別的な地域生活支援を可能にするための、状態や状況の変化に柔軟かつ即応した支媛プラン。その人の願いにこたえること、家族介護者の困りごともいっしょに考えていく。地域生活支援の視点から項目に「地域」が入っている。
3）地域運営推進会議　編集注
厚生労働省令において、地域密着型サービスのうち、小規模多機能居宅介護、認知症対応型共同生活介護（＝グループホーム）などの事業を行う事業者に設置（開催）を義務付けられたもの。利用者とその家族、地域住民の代表者、市町村の職員などに対して、提供しているサービス内容等を明らかにし、地域に開かれたサービスにしていくことで、サービスの質の確保を図ることを目的とする。

アキエさんの思い

出会いから丸三年、豊かな関わりをもたせてもらったA氏（アキエさん）ですが、最後はご自宅で安らかに亡くなりました。その最後の時間もまた、私たちに大きな気づきをもたらしてくれました。

認知症が進んで徐々に意思表示が難しくなっていくなかで、アキエさんはこういうことを願っているんじゃないかといつも推し量りながら関わり、家族とも話し合っていました。最初はさわやか憩いの家を通いで利用していたアキエさんですが、次第に泊まりが増えていきました。

そのアキエさんが寝たきりになって、もうこのまま憩いの家で最期を迎えていただこうと家族とも話しあって決めていたのですが、亡くなる数日前になって、スタッフミーティングで、「アキエさんは、やっぱり家がいいと思う」、「あれだけ、家でお父さんと添い遂げるって言いよんしゃったっちゃけん」とみんなの意見が一致したのです。それは、本当にアキエさんへのみんなの思いでした。

本当に寝たきりで、もう昏睡に近い状態だったのですが、「家に連れて帰りましょう」ということになり、かかりつけ医の大西先生に話すと、「そのほうがいいだろうね」と同意してくださいました。

無事、家に帰ったアキエさんは目を開いてパチパチさせて、娘さんが連れてきたお孫さんのこともわかって、表情が明らかに変わりました。自宅、家というものがいかにその人の生き様を反映し、安らぎをもたらすか、私たちは教えられました。

仏壇があり、その前にちょっとくたびれた座布団が敷いてあります。カーテンやカーペット、慣れきった生活のにおい、光の加減、家全体が醸し出す空気。「やっぱり違う、憩いの家で死ぬのと、自分の家で死ぬのは違う」。私たちは納得し、アキエさんとご家族のためにも帰られて本当によかったと思いました。

たった五日間でしたが、自宅に帰って家族と一緒に過ごし、娘さんにみとられて亡くなったアキエさん。出会いから、その方のエンディングまでずっとつながっていく。その道のりに気持ちを合わせていくとき、たとえ認知症であっても、その方の思いに寄りそっていくことができる。そんな介護の醍醐味を改めて教えていただきました。

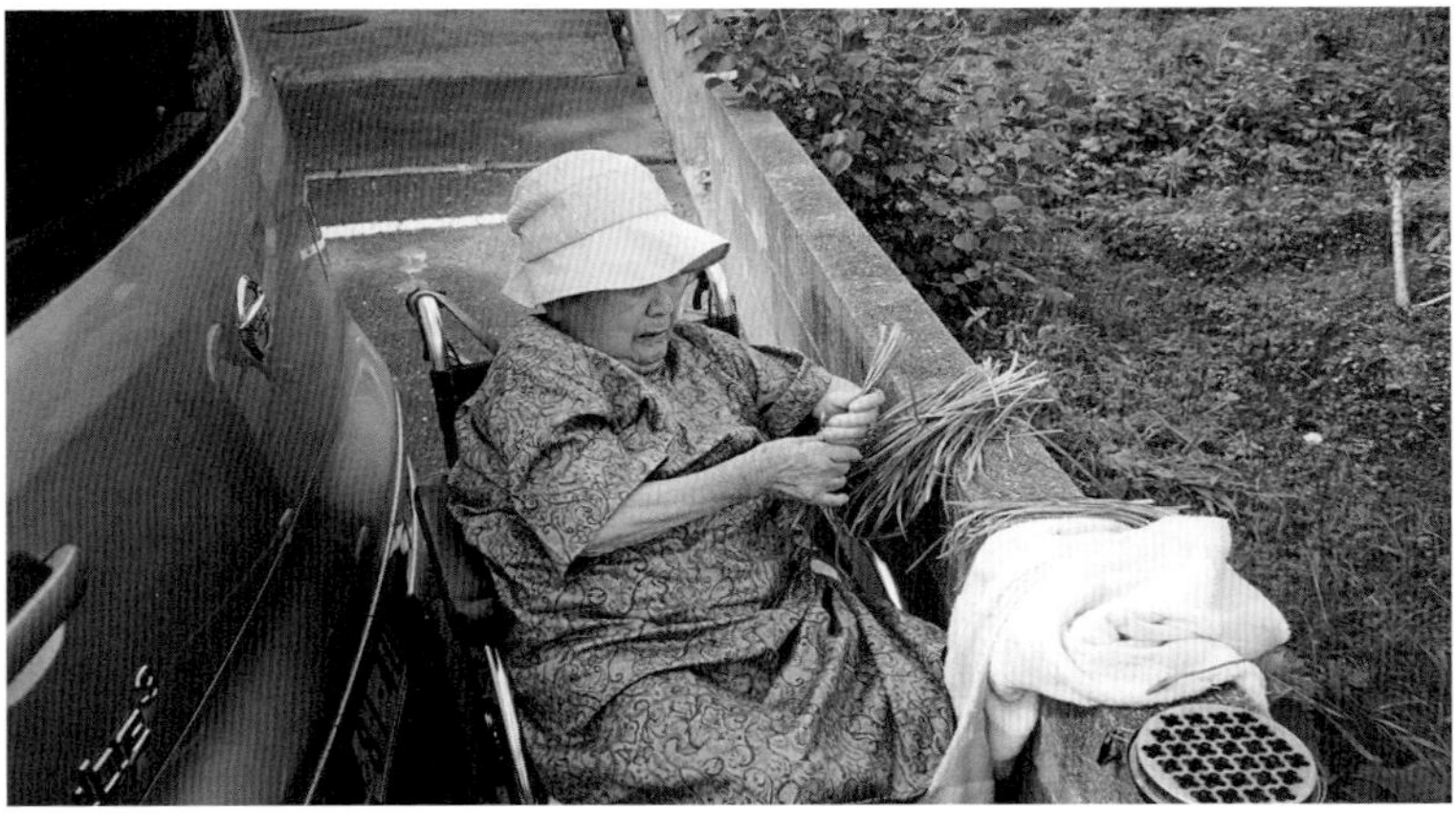

地域で支える

認知症への理解――企業の取り組み

二〇一〇年三月、筑紫野市生涯学習センターで筑紫野市が講座を主催し、八十名のキャラバン・メイトが誕生しました。自治体や企業から、今後の高齢者数の急速な増加にともなう認知症問題に危機感を持った人たちが、認知症を正しく理解しようと集まりました。その後、認知症サポーター養成講座が筑紫野市内のあちこちで開講されるようになり、二〇一六年現在で、この地域から三四〇〇人以上の認知症サポーターが誕生しています。

特に、企業のサポーターが増えたことは心強いことです。

他にも認知症への取り組みとしては、地区で開催する「認知症声かけ模擬訓練」や小学生を対象にした認知症サポーター養成講座などが開催されています。コミュニティ単位での活動も増えています。

銀行、ガス会社、製薬会社、配送センター、スーパーマーケットなども積極的に受講し、企業のサポーターも増えています。

さわやかテラス二日市のすぐ目の前に建つ「イオン九州筑紫野店」は、二年間に亘って受講され、四六〇名のサポーターを養成しました。

受講してくださった従業員さんに向けたアンケート調査では、次のような声が寄せられました。

・認知症のことは、お店だけでの話ではなく、身内の問題としても勉強になった。
・介護に対する心の持ちようが変わった。
・初めて地域の社会資源のことを知ることができた。
・セルフレジにいつも来る七十代のお客様の対応に困っていたが、チェッカースタッフが対応し、まとまった（もしかすると、認知症かもしれないと思えた）。
・これまで、話しかけても通じない高齢者の対応が苦手だったという従業員も、心構えが変わった。
・心のゆとりがもてた。
・クレーマーも、もしかしたら認知症かもしれないので、社内で情報共有するようになった。
・一人で抱え込まない。少数でも抱え込まない。緊急事態は組織図に沿い対応する。
・保安担当は警察のＯＢもいて、これまでは、警察に通報し、家族に来てもらって引き渡していた。保安担当者も認識が大きく変わり、もしかしたら前頭側頭型の認知症の方かもしれず、話をよく聞いて家族と話し、店内で解決をするようになった。
・惣菜の担当から。マニュアルでは商品の陳列には決まりがあったが、講座受講後、従業員から声があがり、高齢者でも買い物がしやすいように、上の段に並べていた商品を下の段に集めるようにしたいという声がイオン本部に通った。気づきや優しさが出るようになった。

・お客様からの行方不明のSOSは、これまでフロアだけで対応していたが、それぞれの部署の主任から責任者、店次長まで組織を使ってお探しするよう組織全体で対応するように変わった。実際に、「おばあちゃんがいなくなった」とお客様の声があり、動こうとされたときに見つかったこともあった。

・今後も、接客サービス＝おもてなしの気持ちで、緊急時でも安心して買い物ができるようにしていきたい。

さわやかテラス二日市のスタッフは、毎日イオンに、入居者とお買い物に行きます。カートを片付けようとすると、従業員の方がさりげなく「いいですよ」と言って戻してくれたり、「おばあちゃん、元気ですね」と商品を並べながら声をかけてくれたりします。

ある時は、一人でイオンに行った入居者に、「切符はどこで買えますか」と訊かれた親切なお客さんが、映画館まで案内してくれたこともあります（ご本人は、電車の切符を買いたかったのですが）。イオンシネマの副支配人さんから電話で連絡を受けて驚いた娘さんが迎えに行くと、副支配人さんとご本人が二人、ソファに腰掛けて、楽しそうにおしゃべりをしていたそうです。

認知症サポーターキャラバン

二〇〇五年、厚生労働省が始めた認知症サポーターキャラバンは、「認知症になっても安心して暮らせるまちづくり」を目的とし、認知症の方とその家族を応援するサポーターを全国に養成する運動です。現在、キャラバン・メイトを含めて七五〇万人を超す人たちがサポーターに登録しており、彼らを中心に全国に運動が広がっています。私たちは早くから養成講座に講師として呼ばれてあちらこちらでお話をし、認知症の方への理解を啓発するこの活動に携わってきました。

キャラバン・メイトには、保健師やケアマネジャーや看護師、施設職員、民生委員、福祉や行政関係者などが任意でキャラバン・メイト養成研修講座を受講し、修了した人が認定されます。メイトの資格を持った人は、公民館や小中学校、企業などで認知症サポーター養成講座を開き、一般の方の認知症への理解を深めたり、地域に認知症サポーターを増やしたりする役割を担います。

メイトやサポーターはオレンジ色のリストバンドをし、シンボルマークのロバのピンバッチをつけて活動をアピールしています。気をつけてみると、地域のドアやウィンドウなどに可愛いロバの絵のステッカーを貼った店があると思います。彼らも認知症サポーターで、認知症の方を積極的に支援するお店であることを示しています。

「トメとヨメ」

平山さんは、「地域から要請があったことは、すべて引き受ける」という方針です。現場がどんなに忙しくても、どんなに小さな依頼であっても、地域からの要請には応える。そのたびに現場を離れる私たちはちょっと大変ですが、その積み重ねで、今、私たちは地域の方や行政からの信頼を得られているように思います。

私たちは、メイト養成講座だけに限らず、公民館や小中学校などで認知症の方との接し方について学びたい、認知症について知りたいというご要望があれば、どこにでも行ってお話しします。

実際、身近に認知症の人がいない場合、そういう人にどう接していいか、また、道で出会ったらどこに連絡したり、どのように保護したりすればいいかわからないと思います。

認知症の方への対応については、全国キャラバン・メイトからガイドラインが出ています。次に紹介する三つの基本姿勢と七つの具体的な対応のポイントです。

【基本姿勢】　認知症の人への対応の心得――三つの「ない」

1．驚かせない
2．急がせない
3．自尊心を傷つけない

【具体的な対応の7つのポイント】

1. まずは見守る
2. 余裕をもって対応する
3. 声をかけるときは一人で
4. 後ろから声をかけない
5. 相手に目線を合わせてやさしい口調で
6. おだやかに、はっきりとした話し方で
7. 相手の言葉に耳を傾けてゆっくり対応する

講習会でお話もしますが、劇仕立てにし、ワークショップ形式をとることが多くあります。みんなで脚本を作り、スタッフが役になりきった「トメとヨメ」はいろいろなバージョンがあり、その時のテーマに沿って演じることができます。例えば、コンビニバージョン、訪問歯科バージョン、タクシーバージョンなどなどです。その一つ、タクシーバージョン。

〈タクシー会社認知症サポーター養成講座〉

ナレーション（以下、N）

近年、超高齢社会の中、高齢者が移動手段として使うのは大変身近なタクシー。毎日のように、

防災メール・まもるくん（福岡県の防災メール配信システム）には、自宅に戻れない方の捜査依頼の情報が登録されています。自由に歩いている方ばかりが認知症とは限りません。タクシーを呼び、行き先を伝え、行ける所まで行く方も後を断ちません。

N 今日も「さわやか交通タクシー」会社を使って高齢者の方がどこかに出かけようとしています。トメが、電話口の番号を見ながらタクシーを呼ぶ。

トメ「一台よかですか？　トメです……。は？　曙町二丁目紺田トメです。お願いします」

N 外に出てタクシーを待つ。

さわやかタクシー「お待たせしました。行先はどこですか」

トメ「あーん、あそこ娘んとこ」

さわやかタクシー「娘さんとこの住所は？」

トメ「筑紫野の郵便局の近くです」

さわやかタクシー「わかりました」

N しばらくすると、自宅にいたヨメがトメさんがいないことに気づきました。タクシーを呼んだ形跡がありましたので、さわやかタクシーに電話がありました。

ヨメ「すいません、おばあちゃんがいなくなったんです。タクシーに乗ったみたいで、自宅に戻るように連絡入れていただきたいのですが」
さわやかタクシー本部「無線で聞いてみますから。ちなみにおばあちゃんはボケとんしゃーですか」
ヨメ「そうですね……、ふつうに話はできますけど。どこに行くって言ったんだか」
本部「わかったら自宅にお送りしますけど、いいですか」
ヨメ「はい、お願いします」
本部無線「本部より、八十くらいのボケとるおばあちゃんが乗っている号車。家族から連絡あり自宅に戻るように。行先も不明。どーぞ」
N　そのころトメさんは……。
トメ「どこ行きよんしゃーね？　筑紫野っ？　そげん遠かとこまでなんで行きよるとね。は？　娘んとこまで行くもんね」
さわやかタクシー「さっき乗るときに、筑紫野郵便局あたりまでと、お客さん言いましたよ」
トメ「そげんこと言うてない。もー降ろして！　だいたい買い物に行くとやったとに」
さわやかタクシー（無線を聞いて）「お客さんを探しよるって、また家に戻りますよ」
トメ「なんでねー、せっかく乗ったとに」
さわやかタクシー「着きましたよ。三千八百円になります」
トメ「は？　お金ばとるげな、財布もなかとに」

タクシー会社によっては、

・顔馴染みとなり、一メーターだけ乗せて自宅に送り届ける。
・話の中から、電話番号や昔の行先を聞き出し、情報として提供する。
・協力できますから、いつでも連絡してくださいと家族に伝えることができる。
・行方不明の連絡が入っているかもしれないため、近くの交番に寄り事情を話す、などあり。
・遠方の行先を言われた場合は、すぐに本部に連絡し、とりあえず本人が行きたい場所をめざしておく。

など、さまざまな取り組みがあります。

その他にも認知症声かけ模擬訓練など、認知症サポーター養成講座のメニューはいろいろとあるのですが、認知症の方にどのように声をかけたらいいかなどは、ロールプレイなどで実際にやってもらうとよくわかるようです。

地域で見守る——山下信行さんとの出会いを通して

地域には、その土地の道案内のような役割を担っておられる方がいます。「筑紫野市介護を考える家族の会」代表の山下信行さんもそのお一人。私たちは山下さんのことを親しみを持って「お父さん」と呼んでいます。

筑紫野市の歴史や風土、風習に詳しく、四季折々につくし取り、タケノコ掘り、蛍狩り、そうめん流し、紅葉狩り、除夜の鐘つきなどに誘ってくださり、山下さんの紹介で私たちは地域の行事、お茶会やグラウンドゴルフ大会（グラウンドもステッキ、ボールも全て準備していただき、大野城チーム、春日チームと全事業所が参加します）、餅つき大会に参加するようになりました。そのお陰で、地域の方と顔馴染みになり、近所の方から声をかけられたり、野菜をいただいたり、時には認知症の相談を受けたりすることもあり、地域にスムースに溶け込むことができました。

山下さんは「一人の命を守る」という強い信念を持って、家族の絆や地域とのつながりを強め、孤独死をなくし、「認知症になっても安心して出歩くことができるまち」にするための活動をつづけています。そして、地域で認知症を支える取り組みがあれば、「今度、認知症サポーターの話があるから一緒に行こう」、「認知症声かけ模擬訓練があるから手伝って」などと気軽に声をかけてくれます。

入居者が行方不明になったときは、町の人に協力を求めたり、青パト・ネットワークにつないだり、市役所にかけあったりしてくださり、その経験から地域の力を知った私たちは、認知症の方を見失った時には町の人たちに協力をお願いするようになりました。キヨイチさんもそのお一人です。

キヨイチさんの健脚

キヨイチさんは、大阪生まれ。十六歳で少年飛行隊に志願しました。戦後九州に移住されましたが、大阪に残してきた両親とお兄さんが心配で、「自分は親不孝なことをした。両親の世話をせないかん」という思いがつのると大阪を目指して歩きだします。

キヨイチさんは八十代とは思えぬ健脚で、一〇キロ、二〇キロと平気で歩かれますので、さわやか憩いの家だけで抱えるよりは、近所の方や交番にお知らせして、みんなで見守ってもらおうとたくさんビラを作って協力をお願いしてまわりました。町の皆さんの協力により連絡体制ができたお陰で、キヨイチさんが決まって立ち寄られる商店街のクリーニング屋さんや本屋さん、ガス屋さん、薬局、手芸店などから電話をもらうようになりました。

「今、キヨイチさんが来られてまーす。迎えに来てください」とお店や交番から電話をいただいて迎えに行き、お礼を言って一緒に帰る、そんなことが何度もありました。

お巡りさんに「すみません。ありがとうございました」と何度も頭を下げるのですが、さすがに三回、四回になると「僕たちもそんなに暇じゃないですから」と苦笑されました。それでも、ひと昔前のように、監督不行き届きを咎められ、始末書を書かされるようなことはなくなりました。

認知症の方を社会全体で見守り、社会から除外しない、そういう社会が生まれつつあるのかもしれません。

青パト・ネットワーク

福岡県では平成二十七年、「青パト・ネットワークふくおか」が設立され、県内の「青パト」が交流を図り、地域の枠を超えて情報を共有しようという活動が始まりました。

「青パト」とは、パトカーや消防車、救急車のように回転ランプを車体の上に載せて走る車ですが、ランプは青色、主に地域の防犯や子どもの見守りのために住民団体が警察の認可を受けて自主的に活動していました。

子どもを見守ることも、高齢者を見守ることも、同じ命を守ることには変わりありません。しかも、地域の隅々まで知っている青パトであれば、認知症の方の行動を理解してもらって、困っている方がいれば声をかけてもらうことができます。筑紫野市でも取り組みが始まりました。

認知症声かけ模擬訓練では、隊員の車に私たち介護専門職が同乗し、声かけのタイミングや対応の仕方をアドバイスしました。模擬訓練でしたが、行方不明者役の人からは「なかなか声をかけてもらえなかった」、隊員からは、行方不明の人を探すことの難しさ、「見つけたらうれしくなって、思わずスピードを出してしまった」など意見が出ました。

高齢者の徘徊が驚くほど広い範囲に及ぶことは、私たちは経験上身にしみて知っています。青パトは今後、有効な支援につながるのではないでしょうか。

みとりのこと

みとりへの思い

終末期に寄りそって

さわやかテラス二日市を開設したときから、平山さんの中には、「ホスピス」、そして「みとり」への思いがありました。さわやかテラスでは、早くから入居者のみとりをしてきました。老衰の場合もあれば、末期がんなど終末期の状態で病院から帰ってきてここで亡くなられる方もいらっしゃいます。ご本人とご家族が望まれれば、私たちはかかりつけ医や訪問看護ステーションと連携して、みとりのお手伝いをします。

いくつもみとりを経験してきて、かかりつけ医や看護師という医療の大きな守りがあれば、それが可能であることを知りました。病院では「この状態で連れて帰ったら、すぐに亡くなってしまう」と言われた方が、テラスに帰ってきて数日、好物のお魚や甘いもの、時にはお酒を召し上がり、ご家族といい時間を過ごされ、安らかに逝かれるのを何度も見てきました。

私たちは利用者や入居者がお元気で社会の一線で活躍されていた現役時代の様子は、ご家族や周囲の方にお話を聞き想像するだけで、実際に知ることはありません。その方がゆっくりと老いの坂道を下って行かれるときからお付き合いは始まります。グループホームが地域密着型サービスになり、小規模多機能型居宅介護施設さわやか憩いの家を開設してからは、その時間と幅が広がったようです。

その方の背景、地域での暮らしが、より身近なものになりました。地域を通して知ったことで、その方の全体像を描きなおすこともあります。はじめは小規模多機能型居宅介護施設さわやか憩いの家に自宅から通って来られた方が、隣にあるグループホームさわやかテラスに入居され、そこで「あるがままに　楽しく　ゆったりと」過ごされて、自然に最期を迎える。そうした流れも増えてきました。

フミコさんのお通夜

先日、さわやかテラス二日市でフミコさんが亡くなりました。フミコさんとのお付き合いは、何年になるのだろう……。お通夜の席で、安らかに眠るフミコさんの顔を見ながら振り返っていました。

この日は、私の小学校六年生になる息子も一緒についてきていました。

自宅に帰っていた私に電話があり、もうあと数日と覚悟していたフミコさんが亡くなったという知せに急いで着替えをしていた私の横で、「誰か亡くなったと？」と息子が尋ねます。「フミコさんが亡くならっしゃったとよ。行ってくるけん、遅くなるかもしれん」、「母さん、また泣くっちゃろう」。そう言いながら、「フミコさんって、あのおばあちゃんやろ？　俺がよう怒られよった」。

そう言えば、小さい時はよくテラスに連れてきて、走りまわる息子はよくフミコさんに遊んでもらい、よく叱られていました。そのくせ私が大きな声で叱ると、「あんたはそげん怒らんと！」と言って私も叱られていました。

「俺もついていってよか？　おばあちゃんの顔を見て挨拶したい」と息子が言います。

特別なことではありません。スタッフは小さい子どもたちをよく職場に連れてきていましたし、お通夜やお葬儀にも参加させていました。フミコさんのお顔を見た息子が「ああ、このおばあちゃんや。俺、よう叱られよったもんね」と言って手を合わせるのを見て、ご家族やご親族の方が息子に話しかけてこられました。そして息子が、お元気なころのフミコさんの話をするのを楽しそうに聞いて、とても喜んでくださいました。お通夜の席に、和やかな空気が流れました。

息子はテレビなどで子どもが自殺したという報道をみると、「絶対に死んだらいかん」と憤慨します。それはうちの息子に限らないと思います。さわやかテラスのスタッフの子どもは、お通夜や葬儀に参加させてもらうことがよくあります。お元気なころを知っている入居者が亡くなるのを見て、彼らなりに人の死を体験してきています。とても貴重な体験をいただいていることに、私は感謝しています。

命の尊さを知り、生きることの大切さを学ばせていただいているのではないかと思います。

三つのみとり

最初のみとりをしてからすでに九十七名。その中で、さわやかテラスでお見送りした三名の入居者を紹介します。

過ぎる

野田さんは、長年、国語の教師と詩人の二つの仕事を持っておられました。今のように産休や育児休暇のない時代に仕事と家庭を両立させて、現代詩の会を主宰し、数々の文学賞を受賞されたと聞いています。その野田さんに認知症の症状がみられるようになり、さわやかの元スタッフでもあったお弟子さんの紹介で、さわやかテラス春日に入居されました。

入居後も読書をされたり、詩を書いたりしながら穏やかに過ごされ、長年、教育に携わられた方だから厳格な方であろうと想像していましたが、歌がお好きで陽気に口ずさみ、毎日のように会いに来るご主人に冗談を言っては周りを楽しませ、明るく和ませていらっしゃいました。

その野田さんが、入居後二年ほど経った八月中旬のある朝、いつもと変わらない朝食の最中に突然倒れ、意識喪失。すぐ近くの、日ごろから連携が取れている病院に救急搬送しました。

緊急入院されたものの、病院の医師からは原因不明の脳死に近いような状態と告げられます。ご家族と担当医、かかりつけ医が話し合い、ご家族は、これ以上治療がないと判断されるなら、これまで生活してきたさわやかテラスで最期を迎えさせたいと希望されました。

私たちは、スタッフルームを急遽野田さんの居室に改装し、それまでの居室から調度品などを持ち込みそこに移っていただきました。とくに医療措置はしないものの、脳死に近い状態で帰ってこられた野田さんは経管（鼻腔）栄養を続けておられ、ご主人、娘さんたちの思いを何度も確認し合う日々となりました。ご家族も私たちも、このまま静かな最期を迎えられることになるのかと覚悟の帰宅だったのですが、毎日、会いに来られるご主人の呼びかけとさわやかテラスの慣れ親しんだ環境がよい刺激となったのか、表情や反応が目に見えて戻ってきました。

野田さんの居室は、もともとスタッフルームだったこともあり、入居者がよく訪ねてこられてはベッドの枕元や足元に座ったり、ソファに座ってCDから流れてくる曲をじっと聴かれたりと、一緒に過ごすこともありました。野田さんの傍が居心地よかったのでしょう。私たちも、このまま野田さんが徐々に回復されるのではないかと、希望を持つようになりました。

そのような中、十月中旬に野田さんのこれまでの作品を集めた『野田寿子全作品集』が完成し、その出版記念会を居室で行うことになりました。ご主人と十数人のお弟子さんが集い、その時が、それぞれのお別れの時にもなりました。野田さんの反応もこの時期がいちばん良く、目で人の動きを追ったり、口もよく動くようになっていました。

穏やかな日々も最後がきました。退院後二カ月、十二月に入ると野田さんの状態が次第に悪くなってきました。亡くなられる前の日の夕方、一人のお弟子さんが見舞いに来られ、それまで野田さんの医療処置をして見守ってこられた訪問看護師も挨拶にみえました。その日の夜、野田さんはご主人に手をとられ、お弟子さんやさわやかテラスのスタッフに囲まれながら息を引き取られました。

ご主人の希望で、野田さんの作品から〝過ぎる〟を選ばれ、お弟子さんが朗読し、心に沁みるお別れをされました。

野田さんのみとりを通して、グループホームのみとりは老衰の方だけではなく、重篤の方や医療的ケアが必要な方も医療、看護、介護の協力が密であれば可能であることを知り、グループホームも、最期の場所として機能を果たすことができると思いました。

過ぎる

〝ほんに　この度は過ぎんさったそうで〟
村の坂道で　あねさんかぶりの女の人は手拭いを払った
頭をさげる母は　風のようにもろい気配であったので
幼い私はことばをのんだ。
〈すぎるって　なんだろう〉

透けるように若い母だった。
その日二人は葬式に来たのだ。
死んだのは　母の母だった。
母は私だけをつれて街の家を出発し　四里のあぜ道をやってきたのだ

切紙花を胸にかかえ　とむらい行列の先頭に立ちながら
わたしはきれぎれに、鳥のことなど想っていた。
過ぎるとはなにかを知ったのは　三十年も経った夜である。
洞のような闇が一瞬力をまし　息を呑む
木立と家と人に触れながら　みじろぎもせず

e p i s o d e s

ひたと満ちて　根こそぎ移ってゆく何か。
その夜祖父が死んだ。過ぎたのだ。
かかずろう日々の　果てしもないだんびら劇がひしめきが
とほうもない有頂天が　なげきが
颯々と還る日のあることを
村では誰もが知っている。
心に据えたそこから
白い影がのびてくる。

山々にかこまれた　木立のある村を
切にみたいと思うことがあるのは
そのためだ。

『野田寿子全作品集』（平成二十四年十二月一日発刊）より

家族をつなぐ

「山口に帰りたかー」時折、寂しそうな表情でこう話すヒロミさんは九十二歳。認知症で末期がん（乳がんから全身転移）を患っていました。食事は一日一食分程度、水分は摂れていましたが、眠る時間が増えてきました。がんによる痛みがみられなかったのが幸いでした。

ヒロミさんのご家族はちょっと複雑で、二人の死別した夫との間に息子二人、娘一人。母親に対する想いがそれぞれ違っていました。娘さんは週三回、ヒロミさんの好物を持って、テラスを訪れていました。その年の九月、キーパーソンである次男さんが肺がんのために急逝されました。

「母のことは最期まで私が責任持ってみますから」というのが口癖だった次男さん。私たちにとっても頼りになる家族だっただけに、ヒロミさんの今後に不安がよぎりました。

次男さんが亡くなった後、次第にさまざまなことが滞りだしました。

ヒロミさんの状態報告、支払いなども……。新しいキーパーソンを決めてもらいたかったのですが、「私は後妻で決定権はない」と次男の嫁。「私は嫁いだ身」と娘さん。それぞれが自分の事情を主張する中、ヒロミさんの症状は深刻になっていきました。

そこで私たちは、思い切って疎遠だった長男さんに手紙を出してみることにしました。

「お母さんに最期の時が近づいています。長男さんに会えたら、ヒロミさんも元気が出るはずです。一度会いに来ていただけませんか」。それを読んだ長男さんが、「母のことは気になっていました」とすぐに会いに来てくれました。

十二月、往診の際にかかりつけ医から「年を越せないかもしれないよ。最期をどう迎えるか家族

と話しておいたほうがいいね」と助言がありました。

長男夫婦、長女夫婦、かかりつけ医、テラススタッフで「ヒロミさんらしい最期とは？」と何度も何度も話し合いの場をもちました。娘さんはホスピス病棟への入院を口にされましたが、かかりつけ医から「最期はご家族ですよ」と言われて躊躇。長男さんが「住み慣れたこのテラスで母も人生を全うしたいでしょうね」と言われ、テラスでみとることを決断されました。

「すべては母のために」。それから二週間、娘さんがヒロミさんの居室に寝泊まりし、長男さんも熊本から週二回ほど来て、泊まることもありました。孫、次男の妻、前妻、実兄夫婦など家族が一丸となりました。

大晦日、大好きだったお風呂に入り「はぁー」と大きな息をされ、これがヒロミさんの最後になりました。年が明けて一月四日、ヒロミさんは長男夫婦、長女夫婦、孫たち、次男の妻総勢十二名の大家族がそろったことを見届けて、息を引き取りました。

ヒロミさんの本当の願いは「山口に帰りたい」ということよりも、残された家族がお互いに助け合っていってほしいということだったのではないか……、最期の数日間をご一緒して思いました。

葬儀の日、長男さんから「手紙を書いてくれてありがとう。母を見送ることができて本当によかった。皆さんのお陰です」とお礼を言われました。「つなぐ」とは、複雑でさまざまな家族の想いを、最後は「母のために」ひとつにまとめ、思いを伝えていくことだと学びました。

episode7

いのちの終わりに耳をすます

キヨさんは入居された時は八十代半ばでしたが、幼いころから病気がちで、常に薬に頼るような生活をしてこられたそうです。入居される前は長女さんのご家族と一緒に暮らしておられましたが、身体の不調の訴えがつづき入院。入院中に、軽度の認知症がみられるようになり、平成十七年一月に退院と同時に、さわやかテラス春日に入居されました。

入居後は、若いころに勤めていた役所のことを懐かしそうによく話しておられました。日常は本を読んだり、時代劇がお好きで、リモコンを片手にテレビの前で一人で過ごされる時間も楽しんでおられました。近所に住む娘さんが毎日のように訪ねてみえ、勝手口から自由に出入りされて、キヨさんは娘さんの自宅の離れにおられるような感じでした。

穏やかな日々が過ぎていきましたが、入居後三年ほど経った頃から、肺炎や骨折、脱水症などにより状態が徐々に低下し、入退院を何度もくり返すようになってきました。私たちは、そのたびに娘さんと、キヨさんの最期をどうするのか話し合いました。娘さんは「さわやかテラスで生活しているほうが安心できる」と言って最期までテラスでみて欲しいと希望されました。たびたび状態が悪化して心配したのですが、私たちの危惧をよそに何度も復活して帰ってきてくださり、生命力の強さを見せてくれました。

平成二十一年五月頃より、食欲が低下し、かかりつけ医の指示により訪問看護に入ってもらい点滴を受けるようになりました。そのお陰か、六月に入ると食事も少しずつ入るようになり、点滴は一旦終了しましたが、キヨさんは自室で横になることが多くなり、リビングで顔を合わせることが

episode7

なくなった他の入居者が心配して、「具合悪いんか？　大丈夫か？」とやさしく声をかける姿も見られました。

キヨさんは身体が弱ってきましたが、スタッフがお手伝いするとその度に両手を合わせ「ありがとう」と言ってくださいました。そんな時はちょっと目が細くなり、笑顔を浮かべる穏やかな様子が心に残っています。

小康を得たかのように見えたキヨさんでしたが、八月に入ると強い胸痛を訴えるようになり、冷や汗、チアノーゼの症状がみられるようになり、ニトロペン舌下錠を服用するようになりました。

この頃になると、娘さんもお母さんの最期が近いことを覚悟され、付き添われる時間が一層増えていき、残り少ない時を惜しんで親子の絆が深まっていく様子でした。一方で私たちは、毎日、娘さん、かかりつけ医に状態報告、連絡、相談をしながら情報を共有し、キヨさんを見守りました。

八月の終わりにキヨさんはとても穏やかに、安らかに眠るように逝かれました。お別れの時は、入居者も参加され、キヨさんの顔を拭きながら「きれいな顔しとるなー」と感心したようにつぶやいておられました。

娘さんの希望で、通夜も葬儀もさわやかテラスの一室で執り行われ、入居者も参列されました。こぢんまりとした葬儀は、悲しみに浸るというより、和やかな雰囲気の中で参列者がそれぞれ語る思い出話に花が咲くような明るく、笑顔溢れる温かなお別れとなりました。

二人の医師・・医療との連携

私たちが安心してみとりをするためには、医療との関わり、ともかく在宅医と訪問看護ステーションとの連携は欠かせません。平山さんがグループホームを開設する時に、念頭にあったのは、在宅医を見つけることだったといいます。周囲の人たちからも、いい在宅医を見つけることが先決で、グループホームのかかりつけ医を探すのは大変だと忠告されたようです。ですから横溝医師、つづいて大西医師とめぐり会えたことは、とても幸運だったといいます。

さわやかテラス二日市の周辺には、福岡大学筑紫病院や済生会二日市病院、小西第一病院など地域の基幹病院があります。風邪や腹痛でさえも長時間待合室で座ることになっても受診する、という病院信仰が今よりもずっと篤い時代でしたが、平山さんは在宅医の必要性を強く感じていました。

よこみぞ医院は、さわやかテラスと同じ町内で、四〇〇メートル離れたところにあります。平山さんは、ほとんど飛び込み同然で医院の扉を叩き、さわやかテラス二日市のこと、そして入居者にかかりつけ医がぜひ必要なことを横溝先生に直談判しました。当時は、「在宅療養支援診療所」はまだ施行されておらず、二十四時間三六五日の診療を掲げる医院はありませんでした。

横溝清司先生は、この地域に生まれ育った方で地域の方が馴染んだ診療所であったこと、以前から往診をしていらっしゃったこと、また、ご自身もデイケアを開設していらっしゃったこともあり、高齢者の在宅医療にはじめから理解がありました。

それからもう十数年、横溝先生はさわやかテラスのかかりつけ医として、入居者はもとより、私たちにとっても篤い信頼を寄せ、私たちを支えてくださる医師です。お忙しい横溝先生の診療の合間を縫って、お話をうかがいました。

地域の診療医として

医療法人つかさ会よこみぞ医院　横溝　清司（インタビュー　田中順子）

生まれ育った土地の医師として

医者になろうと思ったのは、高校二年生の二学期の終わり。急性のA型肝炎で、叔父が久留米で開業しとった病院に二カ月ぐらい入院してましたかね。その時に叔父に「おまえ、将来どうするとや」って言われて、ほんとは航空工学とかに憧れとったんやけど、医者もいいのかなって。それがひとつの転機でしょうね。

そうねえ、さわやかテラスの利用者には知り合いが多いねえ。生まれ育った地元にずっといますから。遠藤さんもそうやし、小山さんもそうでしたね。吉田さんはご主人が同級生で。三人同級生がおられたということになりますね。

大学では消化器外科をしていましたが、地域医療をとくに意識していたわけじゃなかったけど、もともと父がこの土地で商売していたこともあって最初から開業するつもりでいたんですよ。

近くの同級生に障がいをもった息子さんがおられて、「何かのときには往診してほしい」と頼まれたことがきっかけで往診をはじめました。デイケアをはじめたのは、地域の人たちは病気の治療だけではなく、介護が必要だと考えていたころ、たまたま診療所の隣の土地が空いたから開設したんです。今はいわゆる通所リハですね。ちょうどそのころ介護保険が創設されたんだけど。

そんなときに平山さんが見えて、近くにできたグループホームの住人を往診して欲しいと依頼があったので、「近いですし、いいですよ」っていうことで、もう十六年になりますね。

フットワークが軽い？　いやいや、白衣を着て寝ているわけじゃないよ（笑）。在宅もとくに先進的に熱心にやっているというわけではなく、縁があって受診された方を家でも診るという感じです。

高齢者のみとり

さわやかテラスでみとりをした方のなかに、痛みがひどくて苦しまれた方はいらっしゃらなかったですね。在宅でみとりをすることは他にもありますが、がん末期や呼吸器の疾患の末期の場合は、息苦しさや痛みなどがきつくて、いよいよ最期は点滴をしながら眠っていただくという方が結構おられるんですよ。その点、さわやかテラスでは、認知症があるということもあるかもしれないけど、皆さんいつの間にかすうっと逝くという感じの方ばかりで。

病院では何度も採血をしたりＣＴを撮ったりします。その結果、数字を見せられてその後のリスクと予測を聞かされる。病院は治療するところですからね。でも、例えばがんの末期の高齢者でそれ以上治療の手段がない場合は、その人がどれだけ楽に過ごすかをみるほうが大事だと思います。お年寄りは寿命がきたら自然に亡くなりますから、それまできつくないように見守ってさしあげる。ご家族に「好きな物を食べて、本人がいいように過ごさせてあげるほうがいい」、「何か不測のことがあれば、すぐに行きますから」というと安心されて、「そうそう。それが一番」ってスッキリされる感じですね。

在宅の場合は延命措置をすることがほとんどないので、例えば褥瘡があれば、その処置については僕が指示を出して看護師さんに処置をしてもらいますし、それ以外のことで、テラスのスタッフやお家の方ができることはどんどんしてもらっています。今、吸引をしてもらってますね。傷の処置なども、スタッフができる範囲内ではやってもらっています。だから、僕自身がするということはそんなにないですね。介護スタッフができないことは、訪問看護師にしてもらうし。

在宅ホスピスと地域連携

国の医療費抑制策ということもあって、今、「在宅、在宅」って言われていますし、最近は地域包括ケアシステムといって医療・介護を地域でしなさいということになってきましたけど、在宅で看取るということは、家族やスタッフの協力があってやっとできるんですよ。病院で最期を迎えれば、ある意味、非常に効率がいいですよ。看護師さん一人、医師一人いれば、そこで複数の方の看取りができる。家族もスタッフも楽かもしれない。でも、ご本人が自宅やグループホームで最期を迎えたい、家族がそうしたいということになったら、僕らはお手伝いします。

在宅の場合はむやみに延命するということはないから、臨終が近づくと最期は家族に看てもらいます。

亡くなる瞬間に医者が必ず立ち会わなくてもいいんです。呼吸が止まった、心臓が動いてない、だんだん冷たくなってきた……、その過程で皆さんがお別れして、それから呼んでいただいてもいいんです。

ちょうど去年、さわやかさんとの忘年会の最中に呼ばれて、ご近所の百歳のおばあちゃんの看取りをしたことがあったけど、今まで、患者さんの最期はすべて診てきましたね。地域のお医者さんとの連携も進めていますが、在宅をしたいという人はまだまだ少ない。今、連携している診療所が、この地域で四診療所くらいです。

まあ、今後もできるところまでやりますから、何かご要望がありましたらどうぞご遠慮なく。

＊＊

大西昭彦先生にかかりつけ医になっていただいたのは、さわやかテラス大野城を開設してからです。そのころ往診してもらえる診療所は大野城市にもほとんどなく、平山さんは車で十分ほどのところにある大西内科クリニックに飛び込み同然で「かかりつけ医になっていただけないか」と直談判しました。今も若々しい風貌ですが、当時四十二歳の大西先生はとても若い医師に見えました。しかしその時すでに開業されて九年、地域に溶け込んだ診療所として活躍しておられました。

その後、さわやかテラス春日、さわやか憩いの家のかかりつけ医もお願いし、利用者、入居者はもちろん、そのご家族や私たちスタッフとその家族も、大西内科クリニックを受診しており、文字通り、さわやかグループのホームドクターです。

さわやか憩いの家春日で、訪問診療が終わった大西先生にお話をうかがいました。

在宅医から市井医に

医療法人大西内科クリニック　大西　昭彦（インタビュー　平原由香）

母の死

シルバーウィークに的山《あずち》大島という島を訪ねてきました。平戸から四十五分もフェリーでかかる島です。そこに五、六歳の時に住んでいたんです。五十年振りに訪ねたんですが全然変わっておらず、江戸時代は捕鯨で栄えていたところで、古い町並みが今も残っています。

母がここの大島小学校の先生をしていたんです。父は同じ中学校の先生でした。私が生まれたのは佐世保市ですけど、子どもが小さい間に島で教員をしようと赴任したんです。その母が私が小学校一年の時にがんで亡くなったんです。母は小学校の教員として一生懸命仕事をしていて、当時、島に診療所があったかどうか知りませんが、検診ができないような状況で発見も遅れて……。それでも佐世保の病院に一年くらいは入院していたと思います。行ったり来たりした記憶があります。母はまだ三十三歳。私の小学校の入学式に無理して出席して、六月に亡くなりました。子宮がんと聞いていますが、母親の闘病中の姿を子どもに見せたくないという父の考えで、私は母の最期を見ていないんです。病院の傍の公園で遊んでいた記憶があるんですよ。母の死が医者になる一つのきっかけでした。

高校は、地元を出たくて受験したラサール。全国の秀才が集まってくるということで、風潮としてはみんな東大に行くか、医学部に行くか、あるいは落ちこぼれるか。医師の子弟も多かったので、医学部に行くというのも自然な流れでした。医者の専門性があれば、何かあっても食べていけるんじゃないかなという気持ちもありました。それで九州大学医学部に入学して、無事六年間で卒業しました。卒業後は、臨床に強い内科医になりたくて九大の第二内科に入りました。

ホームドクターに

大西クリニックを開院して今年で二十四年ですね。三十三歳の時、卒業してわずか七、八年で開院したんです。理由はいろいろありますが、卒業後勤務していた大学病院はどうしても専門医中心、疾患中心で、それがなんとなくあわない。むしろ、外来診療のほうが楽しかった。直接、患者さんとふれあって、自分自身の考えを自由に伝えられるクリニックを開きたいという思いがありました。

現在、小学校、保育園の校医をしたり、さわやかテラスや憩いの家だけでも合わせて五事業所のかかりつけ医をしており、地域のホームドクターと言われることもあります。診療所では赤ちゃんから超高齢者まで、人生の流れを毎日見ているような面白さがあります。ゼロ歳の赤ちゃんが二十歳の女の子になり六十歳を超えて百歳のおばあちゃんに……とそこまではお付き合いできませんが（笑）、最初に来院した時に赤ちゃんだったお子さんが、今はもう二十歳の女の子ですからね。人間の変化をずっと見られるのが楽しいし、素晴らしいことだなと思っています。

今、医療は専門分化していて、それが少し分かれすぎていて、大きな病院では細分化は必要だと思いますが、うちは幅広く何でも相談してもらい、難しい場合は専門の病院を紹介しています。

よく病気、疾患を診るのじゃなくて、患者さんを診る「I have a cancer」、がんの患者じゃなくて、がんをもっている人間、だから病人である前に人間として診ると言いますよね。医学の世界ではＥＢＭ、エビデンスベースドメディスン、パソコンで管理した長期間のデータの統計をみて、正しいかどうかを議論することが多いです。それも大事だけど、NBM、ナラティブベースドメディスン、ナラティブとは「物語」。患者さんの人生とか生活、それに寄りそう。そういうことを心掛けでやってきたつもりです。患者さんからも外来スタッフからも「おしゃべりしすぎです」と言われますけど(笑)。

思い出の人たち

私は、地域医療の中心は外来だと思っていましたので、オープンして以来、外来中心に普通の内科クリニックとしてやっていました。ある日突然、平山社長が来られまして、「グループホームのかかりつけをやってくれないか」と、地域の評判を聞いて「是非ともお願いしたい」とご相談を受けたんです。本当に真摯な気持ちが伝わってきましたね。

最初、スタッフには不安や戸惑いもあったんですが、在宅に向かう時代に来てましたから、今後、訪問診療や往診をしていかないと、時代のニーズに応えられない、いいチャンスと考えてお受けしました。結果的には、在宅医療、看取りとかターミナルケアを経験するいいきっかけになったんです。外来だけでは、なかなか最期までその人を診るということがありません。悪くなったら病院に送って「あと、よろしくお願いします」ということになりやすいですよね。

たしかに元旦に呼ばれたりとか、大変なことはあるんですけど、今はやりがいを感じています。

亡くなった方の元気なときのお顔ばかり思い出すけど、みんないい顔で眠るように逝《ゆ》かれています。まだ、生きてらっしゃるような気がするんですよね。静かに、安らかに逝かれて。

内田さんは入居中に脳卒中を起こされて、右麻痺で嚥下障害で経管栄養。ＩＶＨ（中心静脈栄養）をしたままでも、住み慣れたテラスで最期を迎えたいと言って退院され、その日の夜に亡くなられました。亡くなるために退院したようなものですけど、ご家族が「もうこれ以上の治療はいいです」って言われるのを引き受けて、病院の担当医に「責任持って私が診ます」と言ったんです。ご家族からはすごく感謝してもらえました。「先生の一言がなければ、絶対に戻れなかった」って。

患者さんが亡くなられた時、私はよく家族に声をかけます。家族は、「自分たちの対応はこれでよかったのか」、「もっと何かできたんじゃないか」、「他に方法があったのでは」、「（故人が）苦しかったんじゃないか」という自責の念に駆られたり、後悔したりということがよくあるんですね。そういう時に私が、「人は最期、意識がなくなったら苦しみは感じないです」「安らかに亡くなられました」「いいお顔をされてますね」などと話すと納得してもらえます。あまり長くは話しませんが、尊厳を持って最期を迎えられたということを説明するように心掛けています。

死亡診断書も多くの場合、「老衰」と書くことが多いですね。もちろん明らかに別の死因の場合は、きちんと病名を書きますが、「老衰」と書くと家族が安心されます。

在宅医から市井医に

これから超高齢社会になっていきますが、死への準備は、日本人があまり得意な分野ではないです。生きる準備、いかに健康になるか、もっともっと寿命を延ばすことばかり。比較的若い方は最先端医療も使って積極的に治療しますよね。いわゆる攻めの医療がいい。でも、八十五歳、九十歳を迎えたら守りの医療。あまり薬も必要ないし、毎年ＭＲＩを受ける必要もない。そういう守りの医療と最先端医療が違うということを日本人が認識すべきだと思っています。

　自宅で最期を迎えたいという人は多いんですけど、実際には救急車で病院に駆け込んでずるずる入院して退院のタイミングを逃して、最期を病院で胃ろうを受けつつ亡くなるというケースがまだ多いように思います。でもこれからは、在宅で診ることが増えてくると思いますよ。ある本に、「在宅医から市《し》井医《せいい》」って書いてあったんですけど、「市井医」、「市の井戸」と書く。市井って町って意味、だから町のお医者さんですね。原点に帰るようなね、それこそ昔の赤ひげ先生。在宅死というのも素晴らしい選択肢のひとつということを理解していただいたらいいなと。

　私事ですが明日、誕生日なんですよ。五十六歳。ちょっと複雑な反応ですけど（笑）。まだまだ当分頑張れそうなので、精一杯自分の役割を果たしていく所存ですのでよろしくお願いします。

それぞれの旅立ちから……

田中　順子

「あたしは、ここで死にますけ覚えとってつかぁさい」大野城のさわやかテラスで最初にみとりをしたヤスコさんの姿を見て、テルコさんは言った。

少しずつ弱っていく姿を隣で見ていたテルコさんは、「うらやましかー、こげして抱きかかえられてからね」と話していた。その方とお別れし亡骸を前にしても、「次はわたしの番やから、迎えにきてね」と話しかけていた。玄関から見送り、しばらく経ち、テルコさんが事務所のドアを叩いた。

「すんまっしぇん、あーたに言うとこうと思うて。私もここで死にますけ、覚えとってつかぁさい。たのんます」と言いに来られた。部屋に呼ばれていくと、「これが棺おけに入れてもらう衣装」と見せられた。

大切なご先祖様の品物とあの世で迷わないように、南無阿弥陀仏と書かれた白いたすきが入っている。「大丈夫ですよ、私がちゃんと聞きました」というとホッとしていた。

そのテルコさん、スタッフ一人ひとりに形見を分けることを思いついて、スタッフはよくテルコさんに呼ばれた。若いスタッフには、アクセサリーなどを。年配のスタッフには、五分ズロースを。

「一回しかはいとらんけん」、「これ新しもんやけん」、「あーた、パンツいる？」とスタッフに合わせてタンスの肥やしになっていたご家族からの贈り物などを引っ張り出して勧めた。

「テルコさん、形見ってこういう意味ですか」と訊くと、「どーせ捨てられるとやけん、今のうちにもらってもらうほうがうれしか」と言われた。

それからは、形見を何度も受け取ることになるのだが、スタッフはテルコさん専用の形見ボックスを作り、いただくときは断らず、ありがたくいただくようにした。形見ボックスは数年かけて、タンスに入る程度になった。いただいたものがきっと、息子さんやお孫さんに渡したいものではないかと感じながら。だんだん形見の形が違っていくのを感じながら。

そうして、ヤスコさんを見送り「ここで死にたい」と宣言して六年後、この世との別れを惜しみ、数日苦しい時間はあったが、最後の日はとても穏やかにテルコさんはこの世を去った。長い歳月に準備していた衣装を出す。ちょっと古くはなっていたが、ご家族と話して一緒に入れて見送った。


二日市のアラタさん、ご夫婦で入居した。入居して三年が経とうとした時に、妻のトシコさんが腹痛で苦しんだ。検査の結果大腸がんだった。ストーマ（人工肛門）を装着する手術を受け、同時に余命の宣告を受けて戻ってこられた。ご主人は涙を浮かべながら、「幸せそうに暮らした場所だから、世話をかけるがここでみてやりたい」と話された。そんな周囲の心配をよそに、「ねーちょっと、お腹にね、梅干がついてるんだけど、とってくれない？」と私に言われる。

「お腹に梅干とは？」と見ると、確かに梅干のように赤い美味しそうなストーマがついている。

「梅干に見えますか？」と訊くと、「真っ赤に熟れてねー、誰がおいたのかしら」と言われる。その梅干は長くお付き合いするものだからと、手作りハンドブックを作成した。

大事なもので袋をつけておくこと、つまんだりすると痛いのでとれないようになっていること、など記した。そのハンドブックを読みながら、「これ誰が書いたの？　字が下手だし、漢字の書き順が違う」とスタッフが呼ばれた。トシコさんは小学校の先生をされていて、ハンドブックの内容よりも字を丁寧に書くことと、漢字で書ける文字は漢字で書くように指導があった。

そうして、娘さんとご主人が毎日交代でトシコさんの隣で寝泊りしながら過ごしていた。好きなものを食べ、好きなピアノを弾きながら。他の入居者もその音色に合わせて歌った。ピアノは亡くなる三日前まで続いた。

少しずつ意識が遠くなるトシコさんにご主人が、「すぐそっちに行くけんな、先にいっといてくれ」と言うと、「せっかく、あーたと離れて楽になるのに、そんなすぐには迎えに来ないですよ。あーたが来ても追いかえすからね」と言われた。さわやかテラスを最期まで「ここは天国よ。極楽。こうして皆さんと会えてうれしい。天国に来たみたい」と言いながら旅立った。

みとりは、漢字で「看取り」と書く。さわやかテラスでは「みとり」と書きたいと思う。「看る」とは医療と看護が主となって最期を看取ることで、私たちは本人や家族の想いをつないでいくという役割を担いながら、医療・看護・介護・地域という力で「みとり」のお手伝いをしたい。そういう意味で「みとり」としたい。

この想いをもたせていただけたのも、これまで出会った入居者の皆さんとのつながりがあってこそと感じる。

さわやかテラス、その先に

ぶれない思い

「家訓」を体現する

今年十七年目を迎えるさわやかテラスですが、開設した最初の三年くらいは、認知症に対する知識不足や対応力のなさから、家訓に沿ったケアの提供ができなかった時がありました。

責任者が不在の時に昼まで門扉に鍵がかかったままであったり、言葉で鍵をかけて入居者が外に出にくくしてしまったり、拙い対応のせいで入居者を怒らせてしまったり、そうしたことがしばしばくり返されていました。当のスタッフは自分の思いを切々と訴えるばかりで、誰が一番困っているのかわかっていない――そのたびに、事業所の責任者は悩み、スタッフ教育のあり方を問い直さねばなりませんでした。

そんな中で、「あるがままに　楽しく　ゆったりと」という家訓は、大きな柱になりました。私たちは、ことあるごとに家訓に立ちかえり、入居者・利用者に「あるがままに　楽しく　ゆったりと」過ごしていただくことについて話し合いました。

平成29年4月1日

平成29年度　株式会社ウェルフェアネット　年度方針
［さわやかテラス］・［さわやか憩いの家］

家　訓
あるがままに　　楽しく　　ゆったりと

「あるがままに」
○ご本人の望む暮らし
毎日の生活の中での何気ない会話、家族からの話を聞き取り、ご本人の生きてきた歴史、本来の姿、思いや意思を理解し、寄りそう。

「楽しく」
○ご本人の安らぎと笑顔のたえない場所
ご本人の好むこと、得意なことをスタッフも一緒に楽しみ、自然な笑顔の姿に、寄りそう。

「ゆったりと」
○ご本人にとって心地よい雰囲気
ご本人へ、アプローチする方向やスピード、声のトーン、表情に合わせ、寄りそう。

行　動　指　針
「鍵をかけない」　「さん付呼称」　「目線を合わせる」

スタッフ心得に沿って行動

基本理念
住み慣れた地域で安心して健やかに暮らせる老後をお手伝い致します。

基本方針
入居者・利用者おひとりおひとり、その人らしい生活に日々「寄りそう」。

平成二十九年度年度方針の中で、家訓の解釈について見直すことにしました。

それまで《あるがままに》を「ご本人にあった暮らし」と解釈していましたが、これを「ご本人の望む暮らし」としました。「あった暮らし」という言葉がケアする側の視点だったということに気づき、物的・人的環境を含めご本人が望む暮らしを実現することが大切だと考えたからです。

《楽しく》を「ご本人に笑顔のたえない場所」という解釈から、「ご本人の安らぎと笑顔のたえない場所」としました。いつも笑顔がたえないということよりも、今この瞬間の自然な笑顔が大切であるということ、さわやかテラスで人生の重荷をひとつずつ降ろしていただき、安らぎを感じてもらえる瞬間があれば、そこに寄りそいたいと考えました。

《ゆったりと》を「ご本人にとって安らぎと心地よい雰囲気」から「ご本人にとって心地よい雰囲気」として、ご本人の望む暮らしと家族の思いがどこにあるかを考えることに力点を置きました。

こうして解釈を少し変えたことで、よりご本人主体のかたちになったと考えます。ただ、実際にこれを体現するためには、「困っているのは誰なのか」という視点に常に立ち返ることが必要です。毎年三月に方針の解釈についてスタッフと話し合いますが、難しさを感じます。

そして話し合うたびに、「ありのまま」という家訓にならなくて本当によかったと思います。「ありのまま」が家訓であれば、スタッフ主導のケアになっていたと思います。サブロウさんの一言が、さわやかテラスのターニングポイントだったと改めて思います。

地域に求められる施設、地域で求められる人に

この年度方針をことあるごとに何度もくり返し、声に出しながら、地道に一歩ずつ行動にうつしていけば、地域に求められ必要とされるグループホームと小規模多機能居宅介護施設になれるのではないか、ひいては、スタッフ一人ひとりが地域で必要とされる「人」になれるのではないかと思います。

現在、社会保障制度もギリギリに保たれる状況がつづいており、小規模の事業所が運営を維持することが厳しい時代になっています。地域に求められる施設、地域に求められる人でなければ生き残れません。

人材確保が難しいこの時代に、そうなるために何をすべきか。私たちは常に考えています。先日、昔からさわやかテラスを見守ってくださっている方から、「たくさん勉強もし、努力もしている。地域の活動にも積極的に参加し、以前よりもずいぶんよくなったと思うけれど、『灯台下暗し』やね。さわやかテラスの周辺の人たちは、案外、中のことは知らないよね」と言われました。そのとおり！

昨年ようやく春日市につづき大野城市、筑紫野市で認知症カフェを開けるようになりました。カフェを機会に、さわやかテラス、さわやか憩いの家を見た方が、「認知症になっても、こんなに生き生きと生活されているのを見て驚いた」と話されました。そして、ここを「継続してほしい」と言葉をつづけられるのを聞いて、感謝の気持ちでいっぱいになりました。

「人を考える努力をする」

私たちは「寄りそい目標シート」をつくり、活用しています。これは、「さわやかテラス・さわやか憩いの家スタッフ心得」に沿って、それぞれが明確で実現可能な目標をあげ、それについて責任者と話し合いながら達成していこうというものです。

それを見ながら、スタッフが目標としてあげている項目に、「人を考える努力をする」が多いことに気づきました。

「人を考える努力をする」とは抽象的な文言ですが、その内容は、「入居者・利用者は〝さん〟付けで呼ぶ」「日々のケアについて、その人おひとりおひとりの生き方や人生歴をふまえ、その人の〝今〟に合った対応を意識して行動する」「行事など様々な場面でも、配慮と生き方を尊重した対応を考えライフサポートに徹する」です。

言葉でうまく伝えられない方にどのように接すればよいのかと、よくスタッフから聞かれます。ある時そういうスタッフに、「その方の日常のちょっとした仕草から人生を感じない？」と問いかけたことがありました。「えっ？」という表情をするので、「顔を洗っている時やお風呂に入る時の洗面器の使い方、鼻のすすり方でその方の習慣が見えることが楽しくない？」と問い直しました。

残念ながらそのときは、そんなこと考えたことがないという反応でした。でも、次にそのスタッフに会うと、嬉しそうに「お風呂に入る時に床に座って、洗面器を膝にのせて顔を洗っておられました」

さわやかテラス・さわやか憩いの家　スタッフの心得

2015/3/31

〈行動指針〉

・鍵をかけない

・さん付呼称

・目線を合わせる

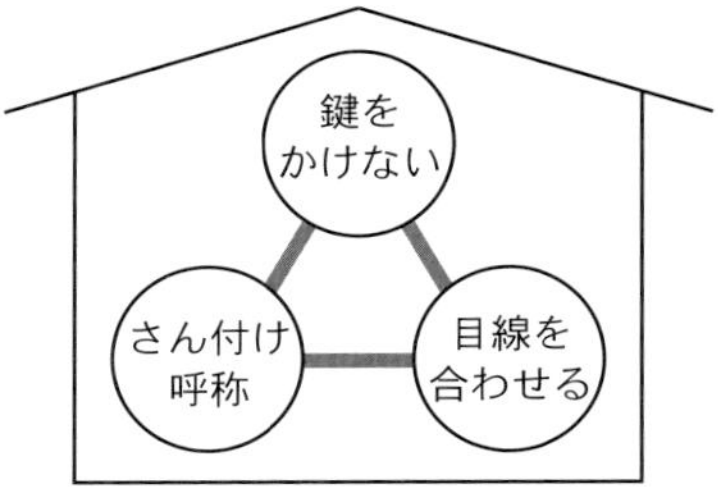

1）鍵をかけない

◎さりげない気配り・目配り・心配り

・入居者・利用者の行動を見守り、つまずいておられる部分にさりげなく気配りをする。

・押し付けたケアや本人の意に合わぬことは避け、さりげない声かけを心がけることで入居者・利用者の心に鍵をかけない。

◎基本は何事も入居者・利用者と一緒に

プライバシーを大切にし、訪問・訪室・外出など、本人の許可・同意を得て一緒に行う。

◎無理強いはしない

できないことは強いず、好まれること・得意なことを一緒に行うことで、ご本人らしさを失わないよう努める。

◎抑制しない

・言葉遣いに注意を払う。（命令口調は言葉による抑制につながる。）

・身体拘束はもってのほかである。玄関の鍵はかけない。動けないように椅子に座ってもらうなど無意識に行いがちであることに留意する。

・安易に向精神薬を投与することは薬による抑制につながる。

2）「さん付呼称」

◎「人」を考える努力をする。

・入居者・利用者はさん付けで呼ぶ。

・日々のケアについて、その人おひとりおひとりの生き方や人生歴をふまえ、その人の「今」に合った対応を意識して行動する。

・行事など様々な場面でも、配慮と生き方を尊重した対応を考えライフサポートに徹する。

◎情報の共有

スタッフは年齢・経験に関わらずさん付けで呼び、チームケアに取り組み、ケアの統一を図る。そのために情報の共有に努める。ただし、知り得た情報については守秘義務があり、外部へ口外・他言することは厳禁である。

◎「報告・連絡・相談・対話」に努める

メモをとるくせをつけ、日常での家族・来客者・地域の方との伝達事項や相談などを記録し「報・連・相・対」を習慣とする。

◎相互扶助の精神をもつ

・スタッフ間のコミュニケーションを大切にする。

・思いやりと助け合いで働きやすい環境を整える。

・時間厳守を徹底し、ゆとりのある時間の使い方を心がける。

3）目線を合わせる

◎入居者・利用者の話に耳を傾ける。

・いつも、入居者・利用者の言動に目を配り、目線を合わせて話を聞き、本当に言おうとしておられることを理解するように努める。

・本人の言動に共感する姿勢を忘れず、笑顔で応える。

◎走ったり・慌ただしくしない

・日常はもちろん、緊急時にも落ち着いて行動する。

・生活音には気をつけ、不安・不快な環境にならないよう注意する。また、清潔・清掃にも心がける。

◎本人・家族の希望を重視する。

本人の望まれることを優先する。家族とのコミュニケーションも密にとり、家族の希望も聞き取る。

◎地域に根付く努力をする。

・入居者・利用者の地域とのつながりを大切にする。

・スタッフも地域の一員として、身だしなみに気をつけ、常に笑顔で挨拶に努める。

・「気づく・気遣う・心がける」をモットーとし、地域の中での心配りができるようになる。

「歯磨きする時に、歯ブラシを渡すとコップの水につけてから磨いておられました」と話してくれました。そして、そういう気持ちでそっと見守っていると、靴の履き方やコップの持ち方も気になりだしたといいます。

それがみえてくると、自分たちのケアが、良かれと思ってですが、その方の行動にズカズカと入っていき、阻害していることに気づきます。例えば、靴を履く時にも『靴はきますよー、こっちこっち、はい、足あげてください』などと声をかけてないか。その方の視野に靴があれば、すっと履かれるかもしれないのです。そうした気づきが増えると、その方の行動から目的が見え、「どうしましたか」、「どこに行きますか」、「何をしますか」という声かけが減ってくるはずです。

電気関係の仕事で長年夜間働いてきた九十三歳の男性は、若い女性スタッフが夜勤の時はすぐにやすもうとされません。寡黙な方で、じーっとスタッフの動きを見ています。「おやすみになりませんか」と尋ねても、首を横に振る。ある時、一人のスタッフが「もしかすると夜の点検の現場監督をしているのかもしれない」と閃き、試しに声をかけてみました。いつものようにスタッフの行動をじーっと見ておられた時に、「異常ありませんでした」と報告すると、男性は身振りでOKを出されました。それから、晩酌をすませてすぐやすまれたそうです。みんなで喜んだことは言うまでもありません。

さわやかテラスに入居するほとんどの方が、事前の質問要項にこれまでの暮らしでできなくなったこと、をいっぱい書いてこられます。一番に情報を手にする私は、その情報をちょっと横に置いておきます。スタッフに伝えたいことは、できなくなったことではありません。

ですから、入居される前には必ず自宅にうかがいます。そして、「できなくなる」前のご本人の姿を少しでもスタッフに伝えるようにしています。ご自宅に行くと、認知症になり生活がままならなくなった年月が推測できます。周囲に迷惑をかけたかったわけではない。ただ必死に生きてきた。そのような思いが自宅から感じられることがあります。そうしたことが、ひとりの「人を考える努力」につながっていくと感じています。

つながる

平成十八年四月に法律が改正され、グループホームが地域密着型サービスになったこと、そして小規模多機能型居宅介護施設が始まったことで、それまでは県が担当だったのですが、市と直接、関わるようになってきました。

とくに小規模多機能型居宅介護施設は法律改正後にできたサービスなので、当時は各市内に一施設ほどしかなかったため、密に連絡を取ることが多くなりました。翌年には、筑紫地区四市一町が一緒になって情報を共有し、ともにレベルアップを図ることを目的に筑紫地区小規模多機能連絡協議会を立ち上げました。当初は、平山さんなど施設の代表者やオーナーが中心だったのですが、次第に現場のスタッフや管理者などが参加するようになり、内容も事例検討会などを入れて運営だけではなく、現場のケアのあり方など、より具体的なものに移行していきました。

しかし、現場では人の入れ替わりが多すぎて、なかなか落ち着いて一緒にレベルアップしようというところまでいきません。現在、小規模多機能型居宅介護事業所が四市一町で十七施設ありますが、それぞれが自分の施設を守って立つだけで精一杯という感じで、事業所同士が連携し、互いにケアの質を高めていこうというところまでゆとりがないというのが実情です。

私たちの事業所も、地域で新たに開設した事業所からスタッフの現場研修の依頼をたまに受けるくらいです。そうやって研修を受け入れた人も、最初は「頑張ります！」と言って張り切っているのですが、だんだんトーンダウンしてきて一、二年すると疲れ切って辞めていく、せっかく顔見知りになった事業所の責任者はバーンアウトして退職していく、そういうケースを、この十年くり返し見てきました。

介護スタッフの人出不足は深刻で、介護ロボットの導入や外国人の雇用などが言われるなかで、このままでは先はない。そんな危機感を覚え、昨年から筑紫野地区小規模多機能連絡協議会の春日部会をつくり、もっと緊密に連携を取っていくことにしました。そこには、社会福祉協議会や市役所の高齢課にも入ってもらい、月に一度は連絡会を開いて、互いに顔が見える関係を作っています。今年はグループホームや定期巡回型サービスなどにも入ってもらい、地域の課題を地域全体で分かち合い、ともに考えていく場にしていきたいと話し合っています。

私たちはそこが、運営面ばかりではなく、情報を共有し、現場での学びや感動を分かち合える場になることを願っています。

他の事業所で働く人が見つけた小さなエピソードを聞いて、「そう言えば、うちでもこういうことがあった」と、そのときは忙しさに紛れて振り返り味わうことがなかった小さな感動を思い出し、それを自分たちの現場に持ち帰ることができれば、もう少し頑張れるようになるのではないでしょうか。

人が頑張るためのモチベーションは、それほど大きなものではありません。

笑顔で「一緒に頑張ろう」と言える瞬間、瞬間があるだけで先に進めるような気がします。そのためにはケアの現場だけでなく、いろんな場で活動している地域の人たちや行政の人にも入ってもらって、みんなで一緒に考えていく場所が絶対に必要だと思うのです。

人を支えるのはやはり人、こころ、触れ合いではないでしょうか。

現場の力

私たちはよく、「開設当時からのスタッフがこんなにいるんですか！」と驚かれます。実際に十六年前に「さわやかテラス二日市」を開設した当初からいるスタッフが六人、すでに十年を超すスタッフが十八人以上います。パートで働くスタッフも十年になる人が八人います。

地元の大手スーパーの第一線で仕事をしてきた平山さんが、介護保険法が施行された翌年、グループホームを開設し、定められた基準の枠内で厚生労働省が言っているような施設をつくろうとした。そこに、それまで特別養護老人ホームで働いていた私たち第一期のスタッフが入職した。言ってみれば、私たちにとって未知だったグループホームを介護の素人である平山さんがつくり、そこに介護の専門家であるはずの私たちが入っていったわけです。

すでにお話ししていますが、平山さんは、「普通の家と一緒なんだから、昼間っから玄関に鍵をかけない」「食事や入浴など毎日のスケジュールを事前に決めない（そげんこと、普通の家はせんやろ？）」「食事をはじめ日々の生活に必要なものは、その都度、利用者と一緒に買いにいく」などいくつかのルール、当時の介護の常識からは考えられないルールは決めたものの、あとはほとんど現場の私たちに任せてくれました。

「今日はお天気がいいから、おにぎりを作って武蔵寺《ぶぞうじ》までピクニックに行きたいんですが」

「そりゃよか。行かんね、行かんね。俺もついていこうか」

万事そんな調子で、私たち現場のアイデアを応援し、多くの裁量権を委ねてくれました。私たちもほとんどが二十代の若さでしたから、グループホームという新たな施設のケアのあり方に真剣に、ワクワクしながら取り組みました。誤解を恐れずに言えば、やりたいことがやれる、言いたいことが言える環境がありました。

ただ一つ、条件がありました。それは「入居者と一緒に行動し、一緒に楽しむこと」でした。入居者と一緒の食卓につき、同じものを食べること。見守りだけしているのでは、介護とは言えません。

平山さんは、いつも私たちと同じ立ち位置で考え、上から目線で一方的にものを言うことは決してありませんでした。「あんたたちは、どげん思うとね」と一緒に考えてくれるなかで、私たちに自分で考え、責任をもって行動することを求めていたのかもしれません。

人材育成

平山さんが運営にあたって、いちばん力を入れているのは、「人材育成」ではないかと思います。

私たちは、勉強会や研究会に積極的に参加し、介護の分野ばかりでなく緩和ケアや在宅ホスピスなど幅広く学習する機会をもちました。また、仕事が終わって参加できる地域の勉強会だけでなく、現場を数日離れることになる「日本認知症ケア学会」、「日本ホスピス・在宅ケア研究会」など全国組織の大きな研究会にも毎年参加し、そこで事例発表やポスター発表などケアの実践を発表する機会をもちました。ただ講演を聴くだけでなく発表するということは、「私たちはケアをこのように考え、こんな風に実践につないでいます。そして、今ここが取り組むべき課題と考えています」ということを声に出して言い、他者にそれを問いかけることです。そこに大きな気づきがあり、自分たちのケアを見直す機会になっていきました。それと同時に、一歩一歩前に進んでいるという自信にもつながりました。

学びの場があるという環境の中でスタッフがキャリアアップを目指し、介護支援専門員、介護福祉士や認知症ケア専門士などの資格を取得したり、日本セラピューティック・ケア協会の施設セラピストの認定を受ける機会が、成長として日々のケアにつながります。

人材育成が、ケアの底上げに直接つながっているのを実感します。十六年の間に私たちはそれぞれ、より責任のある役割を持つようになっていき、若いスタッフを育てる立場になりました。

セラピューティック・ケアの導入

セラピューティック・ケアを導入したのは二年ほど前のことです。お隣の太宰府市に本部を置く「日本セラピューティック・ケア協会」は認定ＮＰＯ法人格をもつボランティア団体で、手、腕、肩、頸そして脚に施術するやさしいマッサージを普及しています。代表の秋吉美千代氏が十数年前に単身渡英して英国赤十字社で学び、日本での普及を託されたもので、以来、全国で活動を展開し、病院や施設をはじめ、小中学校、また被災地などさまざまなところで活躍されるようになりました。

協会のメッセージ「手のぬくもりは心のぬくもり」そのままに、病気や障害を持つ人、高齢者など心身にストレスを抱える人を対象に施術者の両手で静かに癒していきます。衣類の上から施術するため、椅子を一つ置くスペースがあれば他に場所も特別な道具も必要としないマッサージで、認知症の人に対しても言葉を介さない非言語的アプローチができることも大きな魅力です。

憩いの家やテラスのお年寄りはもちろんですが、ＡＬＳ（筋萎縮性側索硬化症）やパーキンソンといった神経難病やくも膜下出血や脳梗塞の後遺症といった脳の障害など終わりの見えない苦悩の中にいる方に、言葉を介さないいたわりと癒しを届けるには、セラピューティック・ケアはとても有効な手段です。日本ホスピス・在宅ケア研究会の大会で秋吉氏と出会った平山さんは、すぐに導入を決めました。

今、各事業所から選抜したスタッフが施設セラピスト資格認定コースを受け、認定セラピストが誕生しています。

海外研修

「海外を見ることが、これからの教育に必ず役に立つ」「福祉は世界共通であり、認知症については、今後、世界が抱える課題でもあるから、海外で学ぶ機会が必要になる」と平山さんに言われた時、歴史も風土も違う国に行っても、ただ見てくるだけで終わるのではないかと思っていましたが、これは平山さんの先見の明でした。

七年前から、十年勤続スタッフ（社員、パート含めて対象者全員）には韓国研修の機会が設けられました。ソウル市内にある清岩《せいがん》老人ホームでの交流研修では、質の高いケアを提供するスタッフの話が聞く機会になりますが、発表内容はもちろんのこと、互いに母国語で話しているのに、伝えたいことが双方理解できるということに感動しました。

韓国では貧困層の支援が課題になっています。ホームにたどり着いても、心をなかなか開こうとしない、食事を摂らない、生活に馴じめないなど環境を受け入れられない人に対して、東京センター方式（認知症の人が自分らしく暮らしつづけるための支援を目指し、開発されたケアマネジメントアセスメントシート）を忠実に活用し、スタッフ全員で情報の収集をしていきます。すると、幼少期の家族との関係性が見えてきて、少ない情報の中からその人が何を大切に生きていたのか、家族の名前や育った環境や風土、習慣を理解することにつながっていき、スタッフが集中的にその人の今に寄りそうことで、少しずつ心を開いてもらえるようになったという事例発表がありました。私はそれを聞きながら、同じ寄りそうケアを目指すものとして、その難しい取り組みに真摯に向き合う韓国の介護スタッフに共感しました。

一方、私たちは日本での取り組み、地域連携というテーマ、みとりのテーマなどについて話しました。気がつけば、言葉の壁はなくなり互いに頷き合っている。認知症は共通の課題なのだと改めて思いました。

大牟田市の大谷るみ子さん（社会福祉法人東翔会グループホームふぁみりえホーム長）が中心となって取り組んでこられた認知症ケアは事業所の枠を越えて地域と行政が一体となり、いまや全国的にも注目されるまちづくりに広がっています。その一環、「デンマーク短期研修」に六年前から毎年一人、十五年勤続のスタッフが参加させてもらっています。

世界一の福祉先進国デンマークでは、短期研修のプログラムが充実しています。数カ所の施設を回りながら一番強く感じたのは、認知症コーディネーターの重要性でした。日本でもその養成講座などが開かれ、取り組みが始まっていますが、今後、介護現場はもとより、地域、まちづくりを牽引する大切な役割を果たしていくと思います。

ケアセンターの女性スタッフから「ここの利用者は独り暮らしが多いけれど、ここに来て汗を流し、皆と話すことで元気を取り戻して家に帰る」と聞きました。さわやか憩いの家でも同じようなことをしています。でも、どこかが違います。利用者の話を聞いていると、皆さんサービスに満足し、年金の心配もなく、心豊かに暮らせているようです。満足度の高さが違います。

正直、日本ではありえないと思いました。日本の格差社会の中で、自由に、利用する施設、入居する施設を選び、それが年金でまかなえるのはほんの一握りの人たちです。それほど異なる社会のデンマークで、何を学びとればいいのか……？　日々のケアの質について講師が話されたことが心に残りました。

「〝ゆりかごから墓場まで〟ではなく、〝生まれる前から天に召された後まで〟ひとりの人生が尊重されなければならない」。一人の人生を尊重する、それが共通する課題だと思いました。

私たちの思い・・・
恩送り

私の中で親孝行という言葉は……どこか遠くてまだまだ先の話のような……そんな想いがありました。

大阪で一人暮らしの母は「おかぁちゃんは大丈夫やー、さみしない。あんたは福岡で頑張りぃー」と言ったかと思うと「しゃーないやん、あんたは海の向こうに行ってしまったんやから……」と自分に言い聞かせるようにポツリと漏らすことがあります。

年老いた母と向き合うことで、お互いに遠慮のない言葉で傷つけ合うこともありますが、気づかなかった一面に出会うこともありました。

人を待たせて迷惑をかけるのが嫌いで、デイサービスの日は、迎えが来る四十分も前から玄関で車椅子に座って待っている母の姿……。花や大好きなネコを見つけた時は優しい笑顔に変わります。

以前ラジオで「恩送り」という言葉を耳にしたことがあります。誰かから受けた恩を自分は別の人に送る、送られた人はまた別の人に渡す。そうして、恩が世の中をぐるぐるとまわっていく……。「恩送り」という言葉と出会い、私は少し楽になりました。

母とともにいただいたご恩を、これから少しずつでも他の方に送らせていただけたら……。

そして、何よりもご家族の皆さんがひたむきに頑張られているお姿こそが、今の私自身の原動力になっているのです。

その先に

私たちが認知症に特化して学び、経験を積みあげていくなかで、認知症になってもほんの少しの手助けでまだまだ継続した生活ができることを教えていただいたのは、さわやかテラス、さわやか憩いの家で出会った方々です。そのお陰で「今」があります。そして、「その先」を考えた時に、認知症に特化した鍵をかけないケアだけでなく、新たに進むべき道が見えてきました。

それを拓いてくれたのは、若年性認知症、高次脳機能障害、多発性硬化症、ＡＬＳ（筋委縮性側索硬化症）など、人生半ばで若くして病気を患った方との出会いです。子育てや仕事などを手助けなしではできない状況になり、ある人は消えていく記憶と闘い、ある人は昨日できていたことが難しくなり、またある人はその病ゆえに感情の起伏がコントロールできず、刻一刻と体が変化していく苦しさの中に、共に歩んでくれる家族だけでは支えきれずに、小規模多機能型居宅介護施設さわやか憩いの家やグループホームさわやかテラスにたどりつかれました。

若年性認知症を患って十年過ぎた方は、はじめさわやか憩いの家を利用しながら自宅で生活しておられましたが、てんかんと高熱をくり返すようになり、さわやかテラスに移りました。身体機能が著しく低下していき、若年が故に進行が速く、そこに対応不足も重なり医療ニーズが高くなり、生活の場を変えなければならなくなりました。

まだ、ご自身の意思を伝えることができたころ、ご本人もご家族も「この病気を世の中の人にもっと知ってほしい。高齢者の認知症ケアとは違う」と言っておられました。いま、ご家族は、「若年性認知症を理解するには、教育が大事です。この病についてもっと理解して欲しい」と訴えておられます。

三十代でくも膜下出血を起こし、後遺症で高次脳機能障害を患った方は、出逢ったころには社会性や協調性が欠けていましたが、嬉しいこと、悲しいこと、怒ることなど人としての感情は阻害されていないことに気づきました。そして、人と人として率直に向き合っていった結果、一年後、家族や利用者、スタッフと会話したり踊ったりできるまでになりました。その方のお陰で、私たちは失われた脳ではなく、再生する脳の素晴らしさを目の当たりにすることができました。

ご主人は「一度も高次脳機能障害の妻と思ったことはない、障害者という見方は間違っている」と言われます。

ALSを発症した方はグループホームで認知症の方と一緒に生活しながらも、意思をきちんと伝えられました。「私は、呼吸器はつけません。息が止まればそれまででいいです」と。入居して間もなく家族もその意向を尊重され、安らかな旅立ちを家族とともに見送りました。

多発性硬化症を患った方は、息子二人の子育てが少しずつ思うようにできなくなるなかで、子どもたちに母の愛情を伝えたいと強く望まれました。私たちはその思いをご主人とともに支え、時に手紙を代筆し息子さんに渡したり、息子さん二人の思いを手紙に書いてもらったりしました。二人の息子さんは今では立派に育っています。子どもたちが母親を必要とする時期に、その役割を果たすことができない、同じ母親として、そんなつらさをともにしてきました。

さわやかテラスを開設し、十年間は必死に鍵をかけない認知症ケアへ取り組んできましたが、若年で人生半ばに病気を患った方々との出会いが「その先に」目を向けるきっかけになりました。まだまだこれでよかったと思うことはありません。高齢者の認知症ケアだけでなく、若くして障害をもった方の生活を支える仕組みづくりがこれからの課題だと感じています。

私たちの思い・・・
一枚のティッシュ

一枚のティッシュ。戦中・戦後と物が足りない時代をたくましく生き抜いて来られたお年寄りの皆さんが使うと、一枚をさらに二枚に分け、それをさらに何度も使いこんだあと、ようやくお役ごめんになります。

野菜の皮も簡単には捨てません。味噌汁に入れたり、皮のまま煮込んだり。お菓子袋に入っている乾燥剤さえも「畑に蒔いたらよかとよ」と無駄にしません。

戦中・戦後からの「もったいない」の教えを私たち次の世代を担っていかなければならない者たちに、何げない生活の中で伝えてくださっています。

高齢者福祉に携わるようになった当時は、「してあげている」という気持ちが大きかったような気がします。しかし、さわやかテラスの中で毎日入居者の皆さんと過ごしているとそんな気持ちはすぐになくなりました。後世に伝えていかなければならないことを私たちに託してくださっているのだなと感じます。

昔から受け継いでこられた大事な教えを、私たちが止めてしまうことなく、またさらに伝えていくことが、私たち介護者の大事な役目の一つだと思います。

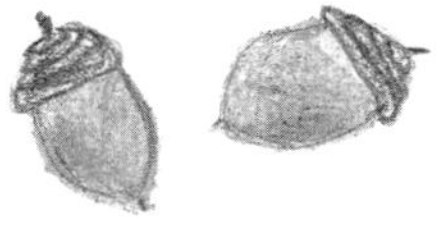

おわりに

特別養護老人ホームを退職し、二十九歳から始まったさわやかテラス生活も今年で十七年目を迎えました。思えばあっと言う間、でもよく考えると長かったのかもしれません。四十五歳になりましたから。平山さんの高い理想を具現化することに必死で悩み、泣きながら過ごした十六年間。さわやかテラスが始まったころは、慣れない管理職に「あなたは責任者に値しない」「あなたは平山さんのお遣いにしかなってない」とスタッフから言われたものです。

しかし、そこに入居者がいたから頑張れました。グループホームで働きたい、入居者とあたりまえの暮らしをしたい、この気持ちだけでした。ご家族にも支えていただきました。判断ミスをすることも多々あり、お叱りを受けたこともたくさんあります。しかしそれがあったからこそ今があります。

「認知症だから」、「病気だから」とそんなことではない、相手の身になって考えること、相手の気持ちを一番に感じること、人として大事なことをたくさん教えていただきました。お陰で少しずつですが、懐？　鍋？　が、大きくなっているように思います。出会いに感謝です。

十六年苦楽を共にした田中さん、平原さん、吉田さん、斉藤さん。一緒の事業所にいなくとも、常にどこかつながっている安心感があります。また出会いに感謝です。

今はたくさんのスタッフに囲まれ、日々助けてもらっています。よく「さわやかテラスの立ち上げからいるなんて山城さんすごいね」などと言われますが、何もすごくない。本当にスタッフの皆さんに支えてもらっているのです。「あの仕事しときました」「〇〇さん、こんな状態なのでドクターに連絡しときましょうか」などなど、気がつく優秀なスタッフに甘えてばかりで、スタッフのみんながいないと私は何の役にも立ちません。またまた出会いに感謝です。

さわやかテラスの歩みは特別なことではありません。ただただ人として人に真摯に向き合って来ただけです。その気持ちさえあればだれもが寄りそうことができます。

出版にあたり、たくさんの方々にご協力いただき本当にありがとうございました。自分たちの歩みを見直すきっかけをいただきました。振り返るとその頃がよみがえり、泣いたり、笑ったり。入居者の皆さん、ご家族、平山さん、事務長（平山夫人）、十六年生の皆さん、スタッフの皆さん、出会ったすべての人々の歩みが満載となりました。私の宝ものです。

二十年に向けてこれからも泣き笑い、悩みながら入居者、利用者に教わりながら過ごしていきます。ここでの出会いと別れを大切に、さわやかテラスが永遠につづくよう新しいスタッフに伝えていきたいと思います。

人間的な成長を実感できるこの素晴らしい介護の世界がもっともっと世の中に理解され、自分もいつか老いの道を進み、皆さんにお世話になることを忘れず精進していきます。

二〇一七年四月

山城　裕美

株式会社 ウェルフェアネット

〒 816-0864 福岡県春日市須玖北 4 丁目 10 番地 405
TEL 092-582-0757 ／ FAX 092-582-0847 ／ホームページ　care-net.biz/40/welfare-sawayaka

株式会社ウェルフェアネットの沿革

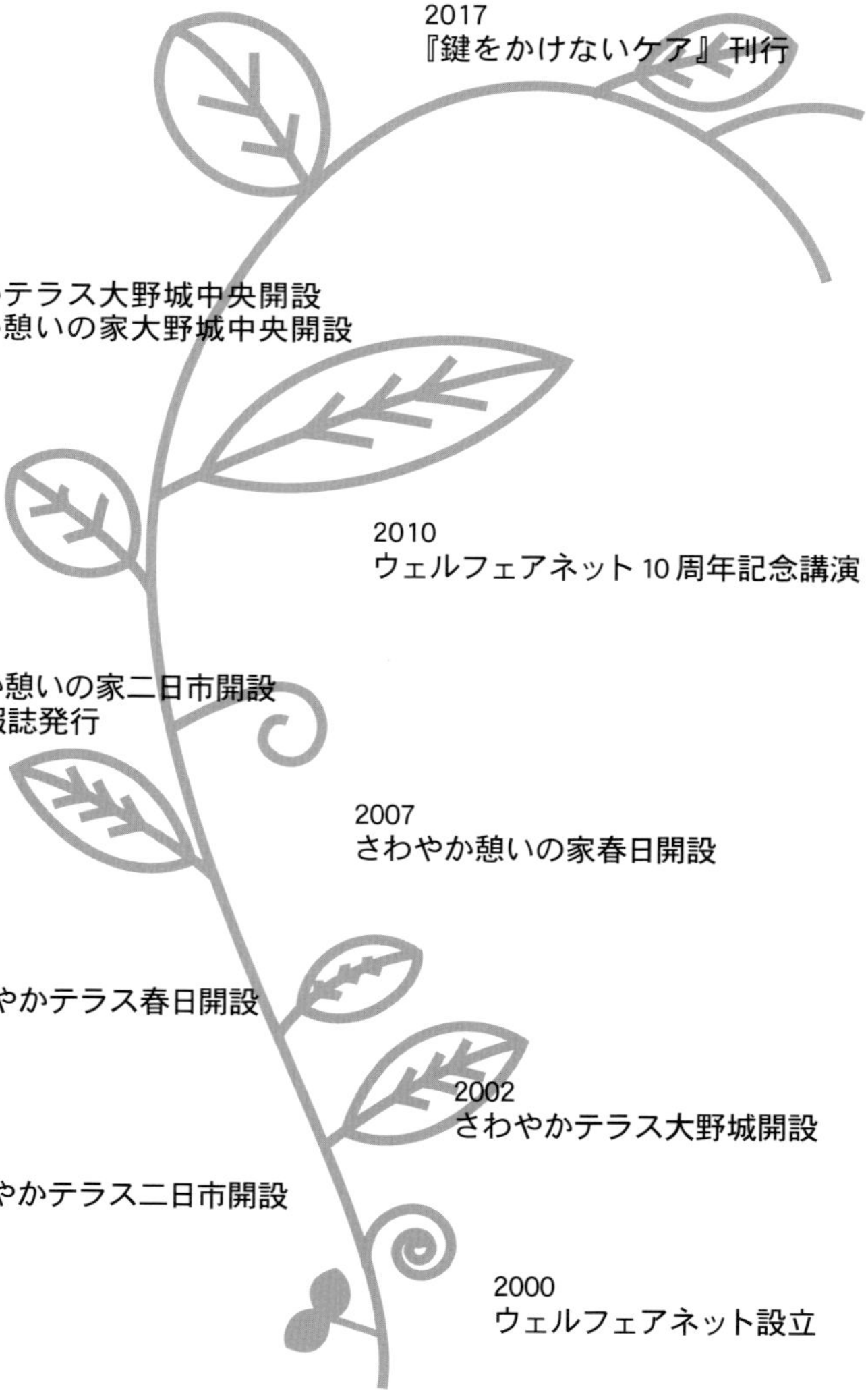

株式会社ウェルフェアネット　各事業所

グループホーム

さわやかテラス二日市

〒818-0042　福岡県筑紫野市立明寺533-1　TEL 092-918-0045／FAX092-918-0255

小規模多機能型居宅介護施設

さわやか憩いの家二日市

〒818-0042　福岡県筑紫野市立明寺534-3　TEL 092-918-3830／FAX 092-918-0255

グループホーム

さわやかテラス大野城

〒816-0971　福岡県大野城市牛頸4丁目5-29　TEL 092-513-7511／FAX 092-513-7512

グループホーム

さわやかテラス春日

〒816-0863　福岡県春日市須玖南1丁目91番地　TEL 092-588-3307／FAX 092-588-3308

小規模多機能型居宅介護施設

さわやか憩いの家春日

〒816-0863　福岡県春日市須玖南1丁目91番地　TEL 092-588-3307／FAX 092-588-3308

グループホーム

さわやかテラス大野城中央

〒816-0942　福岡県大野城市中央2丁目5番19号　TEL 092-501-0352／FAX 092-501-0323

小規模多機能型居宅介護施設

さわやか憩いの家大野城中央

〒816-0942　福岡県大野城市中央2丁目5番19号　TEL 092-501-0322／FAX 092-501-0323

ラグビー選手で元日本代表監督平尾誠二氏（左）、平山春美（中央・ウェルフェアネット事務長）、平山正明（右）

平山　正明　hirayama masaaki

株式会社ウェルフェアネット代表

昭和21（1946）年7月23日、熊本県生まれ。

昭和44年、熊本商科大学卒業後、株式会社サニー入社。

平成12（2000）年1月、株式会社サニーを退社し、12月に株式会社ウェルフェアネットを設立、代表就任。

平成17～24年、NPO法人安心サポート理事。

平成18年3月、NPO法人バングラデシュと手をつなぐ会理事就任。

平成22年3月、NPO法人福岡県高齢者グループホーム協議会理事就任、現在に至る。

山城　裕美　yamashiro hiromi（写真中央）
昭和 46（1971）年、福岡県生まれ。
西日本短期大学卒業後、特別養護老人ホーム退社後、平成 13（2001）年 4 月、株式会社ウェルフェアネット入社。現在、同社、統括執行役員。中学 2 年生、小学 2 年生の母。介護福祉士、介護支援専門員、認知症介護指導者。

○編集委員
田中　順子（写真左）／平原　由香（写真右）
原田　奈央／森　和子／相川　美砂

さわやか通信
鍵をかけないケア
グループホームさわやかテラスの取り組み

山城　裕美

2017 年 5 月 15 日発行

発行者　古野たづ子
発行所　図書出版木星舎
〒 814-0002　福岡市早良区西新 7 丁目 1-58-207
tel 092-833-7140　fax 092-833-7141
http://www.mokuseisya.com
印刷・製本　大同印刷株式会社
ISBN978-4-901483-93-3